Martin Schulte-Kellinghaus · Erich Spiegelhalter · Brigitte Merz · Sabine Ehrentreich

EINE REISE ENTLANG DER DONAU

Unterwegs zu Fuß, mit dem Fahrrad und auf dem Schiff

STÜRTZ PANORAMA

arosa

Inhalt

Links:
Die Freiheitsbrücke von 1896 ist eine der schönsten Brücken in der ungarischen Hauptstadt Budapest. Sie wurde im Zweiten Weltkrieg zerstört, aber schon 1946 originalgetreu wieder aufgebaut.

Seite 5:
Der Donaudurchbruch durch den fränkischen Jura zwischen dem Kloster Weltenburg und Kelheim ist ein landschaftlicher Höhepunkt an der deutschen Donau. 80 Meter hohe Kalkfelsen zwängen den Fluss ein, der hier schmal, aber tief ist.

Seite 8/9:
Wien – hier ein Blick auf Schloss Belvedere – ist eine von vier europäischen Hauptstädten am Flusslauf. Die Schlossanlage wurde von Johann Lucas von Hildebrandt für Prinz Eugen von Savoyen Anfang des 18. Jahrhunderts erbaut.

Die Donau – einzigartige Natur- und Kulturlandschaften

Sie entspringt im Schwarzwald und mündet ins Schwarze Meer: die Donau. Nach der Wolga ist sie der zweitlängste Fluss Europas, einer der größten weltweit und zugleich ein Strom, der auf seiner Reise von West nach Ost Europa mit Asien verbindet. Kein Strom der Welt durchfließt oder berührt mehr Länder als die Donau, die fast 3000 Kilometer misst. Zehn sind es von Deutschlands Süden bis zum Mündungsdelta, das zu Rumänien und der Ukraine gehört. Rund 100 Millionen Menschen leben heute im Einzugsgebiet des Flusses, der die Völker im Laufe der Jahrhunderte mal verband und mal trennte. Schlösser, Klöster und Burgen, Städte und Dörfer säumen den Weg der Donau ebenso wie wunderbare Naturlandschaften, Tiefebenen und Hügelketten. Dass die Menschen die Flusslandschaft nach ihren Bedürfnissen geformt haben, was den Fluss laut WWF zu einem der weltweit gefährdetsten macht, ist mal mehr, mal weniger sichtbar. So sind nicht nur der Lauf und die begleitenden Landschaften der Donau abwechslungsreich. Auch die Städte, vier Hauptstädte unter ihnen, die Dörfer, Menschen, Sprachen, Kulturen und Stimmungen, denen man zwischen Quelle und Mündungsdelta begegnet, wandeln sich im Lauf der Reise beträchtlich. Lange war die Donau die wichtigste Völkerstraße zwischen dem Süden Russlands, zwischen Zentralasien und Mitteleuropa. Für einige der Länder, so für Österreich, Ungarn, Rumänien und Serbien, ist der Fluss noch heute von eminenter Bedeutung, in anderen Anrainerstaaten wie in der Ukraine oder Moldawien eher ein Intermezzo. Städte wie Passau, Linz oder Bratislava (Pressburg) verdanken ihre Bedeutung der Lage am Fluss, viele, etwa Ulm, hat er reich gemacht. Die mächtige k. u. k. Monarchie führte den Strom im Namen: Donaumonarchie. Für nicht wenige schwingt bis heute ein Walzer von Johann Strauß bei der Nennung des Flusses mit.

Oben: Von der Grenze bis nach Linz sind es knapp 70 Kilometer – eine schöne Tagesetappe. Die Landeshauptstadt von Oberösterreich ist ein Eldorado für Kulturliebhaber und lohnt einen längeren Aufenthalt.

Linke Seite: Das Einzigartige des Flussabschnitts an der Schlögener Schlinge, etwas flussabwärts der deutsch-österreichischen Grenze, lässt sich am besten aus der Höhe erfassen.

Nullpunkt

Die Donau, so könnte man sagen, fließt rückwärts. Sie ist neben Mosel und Neckar der einzige Fluss, dessen Kilometer nicht von der Quelle, sondern von der Mündung aus gezählt werden. Dabei ist eins so relativ wie das andere. Während der Leuchtturm bei Sulina, der offiziell als Donau-Nullpunkt gilt, wegen der fortschreitenden Verlandung längst nicht mehr unmittelbar am Meer steht, ist der Ursprung der Donau seit Jahrhunderten

umstritten. In Donaueschingen liegt das kreisrunde Quellbecken, spöttisch „die hochmütige Pfütze“ genannt. Die vielbesuchte Quelle neben dem Fürstenschloss gilt heute als der symbolische Ursprung des Stroms. In Wahrheit entspringt hier aber nur der Donaubach, der nach 90 Metern unterirdischen Laufs in die Brigach fließt. Die vereinigt sich etwas östlich der Stadt mit der Breg zu dem Flüsschen, das von nun an Donau heißt. Hydrologisch beginnt die Donau an der Breg-Quelle bei Furtwangen, 1078 Meter über dem Meeresspiegel.

Der Beginn

Die lange Reise beginnt also auf der Baar-Hochebene. Bei Immendingen verschwindet der noch junge Fluss über weite Teile des Jahres unter der Erde und kommt nach zwölf Kilometern Luftlinie im Aachtopf wieder zum Vorschein. Das Bett der Donau füllen derweil Nebenflüsse wieder auf. Im Durchbruchstal zwischen Tuttlingen und Sigmaringen, im Naturpark Obere Donau, zeigt sich der Fluss besonders ursprünglich. Im weiteren Verlauf erreicht die Donau Ulm. Hier verlässt sie Baden-Württemberg und erreicht Bayern. Dann passiert der Fluss Zeugnisse der Hochkultur wie das Benediktinerkloster Weltenburg und Naturwunder wie die Weltenburger Enge. Hinter Regensburg und Straubing ist der Fluss auf 70 Kilometern Länge noch einmal natürlich und weist eine reiche Tier- und Pflanzenwelt auf. Hinter Deggendorf erreicht die Donau bei Vilshofen ihren dritten Durchbruch, dieses Mal durch die Ausläufer des Böhmerwaldes. Kurz hinter Passau quert sie dann die Grenze.

Für Österreich ist der Fluss, der hier 349 Kilometer misst, von zentraler Bedeutung. Im Raum entlang der Donau konzentriert sich die Wirtschaftsleistung des Landes. Der Fluss durchbricht mehrmals das Hochland und durchfließt den Nordrand des Alpenvorlandes. Hinter der deutschen Grenze folgt das mit etwa 50 Kilometern längste dieser Engtäler, das Oberösterreichische Obere Donautal mit der Schlögener Schlinge. Danach durchquert der Strom das Eferdinger Becken und Linz. Im Auengebiet des Machlands fließt er vorbei an Mauthausen und erreicht bei Enns die Landesgrenze zu Niederösterreich. Bei der alten Schifferstadt Grein hat die Donau mit rund 20 Metern ihre tiefste Stelle im Land. Es folgen zwei weitere Engtäler. Rund 90 Kilometer hinter Linz erreicht der Fluss Melk mit seinem berühmten Barockstift. Dahinter folgt mit der Wachau eine der schönsten

Donaulandschaften, die UNESCO-Weltkultur- und -naturerbe ist. Schroffe Felsen, Aprikosenhaine und steile Rebhänge prägen diesen Landstrich. Hinter Krems schließt sich eine landwirtschaftlich geprägte Niederungslandschaft an. An der Korneuburger Pforte fließt die Donau um den Wienerwald herum und erreicht das weiträumige Wiener Becken. Wien war lange Zeit die größte und bedeutendste aller Donaustädte, doch Belgrad und Budapest haben deutlich aufgeholt. Durch die Donau-Auen bei Hainburg zieht sich der Fluss entlang der Staatsgrenze zur Slowakei. Bei der Thebener Pforte erreicht er das Pannonische Becken. Hier endet der Oberlauf des Flusses.

Bratislava und Budapest

Nur knapp 45 Kilometer von Wien entfernt grüßt die Donau die quirlige slowakische Hauptstadt Bratislava (Pressburg). 172 Flusskilometer gehören zur Slowakei, freilich nur auf einem kurzen Stück beide Ufer. Der weitaus größere Teil ist Grenze: Das nördliche Ufer gehört zur Slowakei, das südliche zu Ungarn. Ab Szob gehört die Donau ganz zu Ungarn. Nach dem eindrucksvollen, um rund 90 Grad abknickenden Donauknie bei Visegrád strebt der Strom für rund 500 Kilometer direkt südwärts. Nach ungefähr 40 Kilometern erreicht der Fluss Budapest, die Hauptstadt Ungarns, mit etwas mehr als 1,7 Millionen Einwohnern zweitgrößte Stadt an der Donau nach Wien. Budapest ist flussabwärts die letzte Stadt, die auf beiden Seiten der Donau liegt. Der Fluss verlässt nun das ungarische Mittelgebirge und markiert ab hier die westliche Grenze der Großen Ungarischen Tiefebene. Viele Kleinstädte später verlässt der Strom kurz hinter Mohács das Land.

137 Kilometer durchmisst die Donau danach Kroatien, der Abschnitt beginnt im Dreiländereck mit Ungarn und Serbien bei Batina. Der Fluss bildet die natürliche Grenze zwischen Kroatien und Serbien. Die bedeutendste kroatische Stadt an der Donau ist Vukovar, das im Krieg mit Serbien Anfang der 1990er-Jahre schwere Schäden davontrug. Der kroatische Naturpark Kopački rit ist einer der wenigen Auwälder, die Begradigung und Ausbau der Donau halbwegs unberührt überstanden haben. Hier überschwemmen Donau und Drau jedes Jahr ein großes Gebiet.

Eisernes Tor

Bei Bačka Palanka macht die Donau einen Knick und durchquert Serbien in südöstlicher Richtung, von der kroatischen hin zur rumänischen Grenze. Nur 25 Kilometer hinter der Grenze liegt die bis zum Ende des Zweiten Weltkrieges fast nur von Donauschwaben bewohnte Hafenstadt Apatin, die erste größere serbische Stadt an der Donau. Stromabwärts pas-

Linke Seite oben:
Vom Kahlenberg hat man eine wunderbare Aussicht auf die Stadt Wien. Den Wein von den Bergen im Vordergrund kann man in den berühmten Heurigen-Lokalen zum Beispiel in Grinzing genießen. Rechts im Bild taucht die Wiener Altstadt auf.

Linke Seite unten:
Gemächlich zieht das Kreuzfahrtschiff an Dürnstein mit dem markanten blauen Turm der Stiftskirche vorbei. Landgänge vertiefen den Eindruck, den man an Bord von der Donaulandschaft bekommt.

Oben:
Das Kreuzfahrtschiff ist auf der serbischen Donau unterwegs. An Bord gibt es laufend Informationen zu den Ländern, Landschaften und Orten, Landgänge erlauben die Begegnung mit den Menschen.

Links:
Ein Segelboot aus Österreich fährt über den Sfântu-Gheorghe-Arm, den südlichen der drei Donauarme im Delta. Die Besatzung genießt bei sanftem Wind die Landschaft und die Ruhe.

Rechts:
Immer wieder erlauben Fähren den Seitenwechsel. Zwischen Mariaposching und Stephansposching in Bayern verkehrt eine historische Roll- oder Gierseilfähre, die allein von der Strömung bewegt wird.

Unten:
An der Donau – hier in Österreich – kann der Radler oft zwischen Wegen an beiden Ufern wählen. Hier verläuft der gut ausgebaute Weg hinter der Schlögener Schlinge am Südufer.

siert der Strom Novi Sad, dessen Brücken 1999 im Kosovo-Krieg von Nato-Bomben schwer beschädigt wurden. Jahrelang lief der Verkehr zwischen den beiden Stadthälften über eine provisorische Pontonbrücke, erst seit 2005 ist die Donau wieder ungehindert befahrbar. 75 Kilometer später ist die lebendige serbische Hauptstadt Belgrad erreicht, mit etwa 1,15 Millionen Einwohnern drittgrößte Stadt am Fluss. Es geht vorbei an Industriestädten, doch in den südlichen Karpaten tritt die Donau ein in die beeindruckende Donauschlucht am Eisernen Tor mit Steilhängen auf beiden Seiten. Lange galt dieser Abschnitt als der gefährlichste im Flussverlauf. Doch menschliche Eingriffe entschärften die heiklen Passagen. In der Đerdap-Schlucht entstand ein 120 Kilometer langer Stausee. Die Donau bildet hier die Grenze zwischen Serbien und Rumänien bis zu den beiden Đerdap-Staudämmen.

Auf rumänischem Gebiet liegt mit 1075 Kilometern der längste Donauabschnitt. Der Fluss ist für das Land zunächst Grenzfluss zu Serbien, dann zu Bulgarien. Nach einer Richtungsänderung nordwärts ist sie rumänischer Binnenfluss, um später Grenzfluss zu Moldawien und zur Ukraine zu werden und schließlich über das Donaudelta ins Schwarze Meer zu münden. Zahlreiche Städte begleiten diesen Weg.

Für Bulgarien ist die Donau der einzige schiffbare Fluss, allerdings in diesem dünn besiedelten Landesteil verkehrstechnisch von untergeordneter Bedeutung. Gerade einmal zwei Brücken gibt es an dem knapp 500 Kilometer langen Streckenabschnitt in Bulgarien. Auch Moldawien zählt zu den zehn Anrainerstaaten des internationalen Stroms – freilich liegen nur ein paar hundert Meter auf dessen Territorium. Der nördliche Hauptarm des Donaudeltas, Chilia-Arm genannt, bildet schließlich die Grenze zur Ukraine. Der Teil des Mündungsdeltas auf ukrainischem Staatsgebiet gilt als der schönste überhaupt.

Wechselvolle Geschichte

Der Donauraum ist über die Jahrhunderte vom Mit-, Gegen- und Nebeneinander zahlloser Völker geprägt. Viele Spuren der äußerst wechselvollen Geschichte finden sich bis heute. So gehört zur Gemeinde Herbertingen zwischen Sigmaringen und Ulm eine der wichtigsten Fundstellen aus keltischer Zeit in Mitteleuropa, die Heuneburg. Spuren haben auch die Römer hinterlassen. Zwischen Bayern und Rumänien bildete die Donau die Grenze ihres Reichs. Im 5. Jahrhundert n. Chr. drängten die Hunnen die Römer zurück. Wandernde Völker durchzogen den Donauraum. Im 13. Jahrhundert begann die Herrschaft der Habsburger, die bis 1918 währte, freilich immer wieder bedrängt unter anderem durch die Türken. 1529 und 1683 belagerten sie erfolglos Wien, danach wurde das Osmanische Reich nach und nach aus dem Donauraum verdrängt. Österreich wurde zur europäischen Großmacht und gründete 1867 die k. u. k. Monarchie. Mit dem Ende des Ersten Weltkriegs bricht das Reich der Habsburger zusammen. Nach dem Ende des Zweiten Weltkriegs trennt der Eiserne Vorhang den

Donauraum in West und Ost, die Wende nach 1989 macht das wieder rückgängig. In den 1990er-Jahren erschüttern die Kriege, die der Zerfall Jugoslawiens nach sich zieht, den Balkan. Heute sind außer Serbien, Moldawien und der Ukraine alle Donau-Anrainer Mitglieder der EU.

Weltnaturerbe

Ab dem 19. Jahrhundert wurde der Fluss an vielen Stellen reguliert, um Ackerfläche und Energie zu gewinnen, Schifffahrt und Holzgewinnung möglich zu machen. Auf den ersten 1000 Flusskilometern wurden 59 Dämme gebaut. 80 bis 90 Prozent der ökologisch wertvollen Auwälder sind heute zerstört. Dennoch gibt es einen großen Reichtum an Pflanzen und Tieren, ziehen sich eine ganze Reihe von ökologisch wertvollen und zauberhaft schönen Landschaften am Fluss entlang. Mit den „Danubeparks" wurde 2009 ein Netzwerk aus 17 geschützten Gebieten in neun Ländern gegründet, das sich um den Schutz und die Revitalisierung, aber auch um das Thema Naturtourismus kümmert. In Deutschland zählen der Naturpark Obere Donau und die Donauleiten zwischen Passau und Jochenstein dazu, in Österreich der Nationalpark Donauauen hinter Wien, in Ungarn der Nationalpark Donau-Eipel, in Kroatien das Naturschutzgebiet Kopački rit. In Serbien steht das Naturreservat Gornje-Podunavlje unter Schutz, der Naturpark Eisernes Tor gehört zu Rumänien, der Đerdap-Naturpark zu Bulgarien – und das Delta mit den Anrainern Rumänien und Ukraine ist wie die österreichische Wachau UNESCO-Weltnaturerbe. All diese Gebiete sind wie die Schüttinseln am Mittellauf oder Auwald-Reste Hotspots der Biodiversität. Für die ökologische Erholung, wie sie vielfach stattfindet, ist die Rückkehr des Bibers in den deutschen Teil der Donau ein schönes Beispiel. So sucht man heute, nicht ohne Reibung, an der Donau wie vielerorts nach einem verträglichen Miteinander von Mensch und Natur – auch weil sich die Erkenntnis durchgesetzt hat, dass es nicht nur der Respekt vor der Schöpfung, sondern auch die Vernunft gebietet, der Natur ihren Raum zu lassen.

Oben:
Die idyllische Wachau in Österreich kann man auch mit dem Schiff passieren, etwa wenn ein Tag für eine Fahrradfahrt mal zu verregnet ist.

Links:
Ein Fischer ist mit seinem Boot bei Ghindăreşti auf der Donau unterwegs. Der Strom ist auf insgesamt 470 Kilometern Grenzfluss zwischen Bulgarien und Rumänien.

Seite 16/17:
In der Dreiflüsse-Stadt Passau ist Wasser – im Guten wie im Schlechten – das große Thema. So manches Mal wurde die Barockstadt schon vom Hochwasser heimgesucht.

Seite 18/19:
Die Kettenbrücke in Budapest: Ab dem 16./17. Jahrhundert gab es eine Pontonbrücke, die vor dem Winter immer wieder abgebaut werden musste, da die Eismassen der zufrierenden Donau sie sonst zerstört hätten. 1832 beauftragte Graf Széchenyi einen englischen Architekten mit dem Bau der Kettenbrücke. 1849 war die schönste der Budapester Brücken fertiggestellt.

Zu Fuß entlang der jungen Donau

Wandern entschleunigt und bringt einem eine Region näher als jede andere Art der Fortbewegung. Wer freilich die junge Donau von ihrem Ursprung an zu Fuß erleben will, muss zunächst den Streit um die Quelle für sich entscheiden. Die Frage, wo denn nun die Donau tatsächlich entspringt, beschäftigt die Menschen seit Jahrhunderten. Die aktuelle Lesart heißt: Die vielbesuchte Quelle neben dem Donaueschinger Fürstenschloss ist der symbolische Ursprung des Stroms. In Wahrheit entspringt hier aber lediglich der Donaubach, der nach 90 Metern unterirdischen Laufs in die Brigach fließt. Die vereinigt sich etwas östlich der Stadt mit der Breg zu dem Flüsschen, das von nun an Donau heißt.

Wo auch immer man seine Reise beginnt, erlebt man eine sanft hügelige Landschaft wie aus dem Bilderbuch, in der der Fluss beschaulich durch Wiesen der Schwäbischen Alb entgegen gluckert. Bei Immendingen verschwindet die noch junge Donau im Sommer ganz und im Winter teilweise unter der Erde. Eine ganze Weile kann man dann im trockenen Flussbett wandern. Nach zwölf Kilometern Luftlinie kommt der Fluss im Aachtopf wieder zum Vorschein. Das Bett der Donau füllen derweil Nebenflüsse wieder auf. Im Durchbruchstal zwischen Tuttlingen und Sigmaringen, im Naturpark Obere Donau, zeigt sich der Fluss besonders ursprünglich, zugleich tut sich hier eine der abwechslungsreichsten Landschaften Deutschlands auf, die bei Wanderern beliebt ist wie kaum eine andere. Links und rechts ragen weiße Kalknasen auf, von denen aus sich wunderbare Ausblicke über die Schleifen des Wasserlaufs bieten. Die Aufstiege lassen sich gut bewältigen – und führen den Wanderer ein ums andere Mal zu Höhlen, Burgen, Schlössern und Ruinen, deren Besuch die moderate Anstrengung wert ist. Die Wege sind gut ausgebaut und familientauglich, der Schwäbische Albverein pflegt und markiert ein verzweigtes Wegenetz.

Oben: Im 19. Jahrhundert war der Schwarzwald, hier auf dem Westweg beim Aufstieg zum Farrenkopf, durch intensive Nutzung fast völlig abgeholzt. Aufgeforstet wurde mit schnell wachsenden Fichten. Heute versucht man, artenreiche und strukturreiche Waldgesellschaften wieder zu fördern.

Linke Seite: Im Schwarzwald entspringt die Donau, die auf ihrer langen Reise zehn Länder und unterschiedlichste Landschaften berührt und nicht selten auch formt. Hier kann man den jungen Fluss und die liebliche Landschaft als Wanderer am intensivsten erleben – hier bei Gütenbach.

Das Durchbruchstal der Donau mit seinen vielen Aussichtspunkten ist das Kernstück des Naturparks. Seitentäler laden zu beschaulichen Wanderungen ein, für die der idyllisch gelegene Campingplatz Wagenburg ein idealer Ausgangspunkt ist. Die Vielfalt der Tier- und Pflanzenwelt, das Zusammenspiel von Natur und Spuren der Geschichte bis in die Urzeit zurück machen die Region zu einem idealen Wandergebiet. In drei bis vier Tagen lässt sich etwa der Donauberglandweg durchstreifen, der auf einer Länge von circa 60 Kilometern die schönsten Teile des Naturparks berührt. Er beginnt beim 1015 Meter hoch gelegenen Lemberg bei Gosheim und führt entlang des Albtraufs auf der Südwestalb hinunter in die Donaustädte Mühlheim und Fridingen bis zum berühmten Kloster Beuron, dem Mittelpunkt des Naturparks. Rund die Hälfte des Weges verläuft auf naturnahen Wegen und Fußpfaden.

Die Donau erlebt auf ihrer langen Reise vom Schwarzwald bis ins Schwarze Meer unzählige Landschaften unterschiedlichsten Charakters. Man kann sie auf vielerlei Arten bereisen. Gerade auf den ersten rund 90 Kilometern und da besonders im spektakulären Oberen Donautal freilich sind die eigenen Füße das Fortbewegungsmittel, das die intensivsten Eindrücke vermittelt.

Rechte Seite:
In Oberkatzensteig bei Furtwangen steht der Schwarzbauernhof von 1580. Alle Funktionen vom Wohnen über die Stallungen bis zur Scheune sind unter einem großen, tief herabgezogenen Dach vereinigt, das mit Holzschindeln gedeckt ist.

Unten:
Wer die Wanderung in Donaueschingen beginnt, hat einen Teil schon verpasst. Eigentlich beginnt die Reise am munteren Bächlein Breg. Diese fließt bei Donaueschingen mit der Brigach zusammen – und erst von da an heißt das Gewässer Donau.

Oben:
An der Quelle der Breg, auf 1000 Metern Höhe, liegt ein uralter Kultort, an dem heute die Martinskapelle steht. Über die Wasserscheide zwischen Rhein und Donau führte schon vor Urzeiten eine Passstraße.

Rechte Seite:
Im Oberen Bregtal in der Nähe von Furtwangen verläuft der Katzensteig, eine liebliche Schwarzwaldlandschaft, wie geschaffen für Wanderer. Deutschlands berühmtester Fernwanderweg, der Westweg zwischen Pforzheim und Basel, führt hier vorbei. Im Winter werden viele Loipen präpariert, und der Kolmenhof sorgt für hervorragende Verpflegung.

Donaueschingen hat seiner Donauquelle im Schlosspark einen prachtvollen barocken Rahmen gegeben. Schon die Römer hatten vor 2000 Jahren diese Karstaufstoßquelle zur Donauquelle erklärt.

Oben:
Bei Donaueschingen fließen die Quellflüsse Brigach und Breg zusammen. Knapp 3000 Kilometer hat die Donau nun bis zum Schwarzen Meer vor sich.

Rechte Seite:
Die hügelige Landschaft bei Donaueschingen auf der Baar. Vom Wartenberg hat man einen schönen Blick auf den jungen Fluss und seine Mäander.

Oben:
Zwischen Immendingen und Möhringen verschwindet der Fluss über weite Strecken des Jahres unter der Erde. Dann kann man im Flussbett wandern. Das versinkende Donauwasser verschwindet in Karsthöhlen und kommt weiter südlich im rund zwölf Kilometer entfernten Aachtopf wieder zum Vorschein.

Rechte Seite:
Im Aachtopf, der wasserreichsten Karstquelle Deutschlands, kommt das Donauwasser, das in der Versickerung verschwunden ist, wieder ans Tageslicht. Von hier ist es nicht mehr weit bis zum Schwäbischen Meer. Die Aach mündet nach 32 Kilometern bei Radolfzell in den Bodensee.

Bergsteig 2,1 km
Tuttlingen 11,6 km
Mühlheim (ü. Glitz. Kreuz) 7,0 km
Neuhausen ob Eck 7,2 km
Landhaus Donautal
Jägerhaus
Sigmaringen 37
Beuron 7,3
DEUTSCHE DONAU
D-ROUTE
6
Atlantik-Schwarzes Meer
Ziegelhütte 0,3 km
Ruine Kallenberg 1,7 km
Beuron 11,1 km
Jägerhaus 4,1 km
Schwäbische Alb-Südrand-Weg (HW 2)
Bergsteig-Kreuz 2,0 km
Bergsteig 2,1 km
Hoheneck-Schanzen 4,7 km
Hotel-Cafe-Restaurant
Landhaus Donautal
Radweg Bergsteig Fridingen
2 km
donaubergland

Linke Seite:
Schilder verweisen auf den Reichtum der Freizeitmöglichkeiten im Oberen Donautal. Ob man es wandernd oder radelnd erkundet – Gasthöfe sind immer willkommen.

Kleine Bilder oben:
Auf Schusters Rappen durch die herbstliche Landschaft: Breite Wege und schmale Pfade erschließen ein Paradies für Wanderer. Westweg, Bregtalweg, Paradiestour Fürstenberg, Donauberglandweg, Donau-Zollernalb-Weg oder Donaufelsenläufe – das Gebiet ist gut erschlossen und ein Tipp für Genießer.

Oben:
Diese wunderschöne steinerne Brücke spannt sich in der Nähe des Klosters Beuron von einem Donauufer zum anderen. Der herbstliche Wald verbreitet einen besonderen Zauber.

Rechte Seite:
Immer wieder stößt der Wanderer auf herrliche Ausblicke. Das Bild zeigt die Aussicht vom Glasträgerfelsen auf Schloss Werenwag.

Linke Seite:
Morgenstimmung im Naturpark Oberes Donautal: Tief gräbt sich das Tal zwischen die Felsen, auf denen einst viele Burgen thronten. Wenige sind erhalten geblieben, so Burg Werenwag, die im Hintergrund zu erkennen ist.

Oben:
Abendstimmung bei Gutenstein (Sigmaringen) im Oberen Donautal. Voreiszeitliche Felsen zeigen, wie sich einst der Fluss seinen Weg bahnte.

Linke Seite:
Ein herrlicher Ausblick ins herbstliche Obere Donautal bietet sich vom Eichfelsen, einem über 70 Meter hohen Kalkfelsen.

Oben:
Den Genuss idyllischer Orte muss sich der Wanderer im Oberen Donautal nicht mit Touristenmassen teilen. Das Gebiet ist beliebt, aber keineswegs überlaufen.

Seite 40/41:
Die Geschichte des Hohenzollernschlosses Sigmaringen unterhalb des engen Durchbruchtals der Donau reicht bis ins 11. Jahrhundert zurück. Es war Sitz der Fürsten von Hohenzollern-Sigmaringen. Das ist die schwäbisch-katholische Linie des Hauses Hohenzollern, einer der großen Familien des deutschen Hochadels.

Bis Passau mit dem Rad

Wer sich noch vor 20 Jahren auf ein Fahrrad schwang, um so mit Muskelkraft und leichtem Gepäck seinen Urlaub zu verbringen, galt als Abenteurer. Heute liegt das Tourenradeln in allen Altersgruppen im Trend – ohne, zunehmend aber auch mit Elektromotor, mit Unterstützung eines Reiseunternehmens oder ganz auf eigene Faust und ohne feste Etappen-Vorgaben. Die Strecke entlang der jungen Donau ist ein ideales Terrain für Geübte wie für jene, die diese besonders intensive Art des Reisens erst einmal erproben wollen. Die Wege sind bestens ausgebaut und beschildert, oft ungestört vom Autoverkehr. Es gibt wenig Steigungen, dafür aber jede Menge Landschaft und Kultur. Städte und beschauliche Ortschaften erlauben Pausen und Übernachtungen nach Etappen unterschiedlichster Länge. Und spontan eine Unterkunft zu finden, ist normalerweise kein Problem. Tourenbücher, Tourist-Informationen und das Internet helfen dabei.

Auf dem deutschen Abschnitt zwischen Donaueschingen und der Grenze zu Österreich legt die Donau ihre ersten 618 Kilometer zurück, unter den zehn Donau-Ländern nennt nur Rumänien einen längeren Abschnitt sein eigen. Die erste Etappe von Donaueschingen bis Sigmaringen gehört zu den landschaftlich eindrucksvollsten der Radreise an der deutschen Donau. Sie beginnt auf der Baar-Hochebene. Hier gluckert der Fluss beschaulich durch Wiesen der Schwäbischen Alb entgegen, der Radweg verläuft ohne nennenswerte Steigungen. Bei Immendingen versickert der noch junge Fluss unter der Erde, Nebenflüsse füllen ihn im weiteren Verlauf wieder auf. Im engen Durchbruchstal zwischen Tuttlingen und Sigmaringen, im Naturpark Obere Donau, zeigt sich der Fluss besonders ursprünglich. Hier hat der Radler zwar kurze, kleine Anstiege zu bewältigen, dafür wird er mit herrlichen Ausblicken belohnt. Es geht vorbei an Kloster Beuron, Burg Wildenstein, Schloss Werenwag und anderen Perlen der Stadt Sigmaringen entgegen, in der von der Höhe das Hohenzollernschloss grüßt. Im weiteren Verlauf wird der Fluss breiter und durchfließt ein breites Becken, in dem sich hübsche vorderösterreichische Donaustädtchen aneinanderreihen. Eine Pause lohnt in Mengen ebenso wie in Riedlingen, Zwiefalten oder Ehingen. Wer hier Kilometer schindet, ohne sich genauer umzusehen, ist selbst schuld – das gilt übrigens auf den meisten Etappen des deutschen Donaulaufs.

Oben: Von Schildern gut geleitet wird der Radler an der Donau – hier zwischen Deggendorf und Passau.

Linke Seite: Die Seilfähre Eining blickt auf eine bewegte Vergangenheit zurück. Infolge kriegerischer Auseinandersetzungen wurde sie mehrfach zerstört, aber stets wieder in Gang gesetzt. Beliebtes Ausflugsziel ist der Biergarten an der Anlegestelle.

Landschaften – und Zeugnisse der Hochkultur wie das Benediktinerkloster Weltenburg, gegründet um das Jahr 600 und meisterlich umgestaltet zu Anfang des 18. Jahrhunderts. Das Durchbruchstal an dieser Stelle gehört fraglos zu den Glanzlichtern der deutschen Donau. Es empfiehlt sich unbedingt, nach einer Rast im Klosterhof und der Besichtigung der Kirche die „Weltenburger Enge" mit dem Schiff zu passieren, es nimmt natürlich auch das Fahrrad mit. So erreicht der Reisende das Städtchen Kelheim. Auch hier lockt natürlich wieder eine hübsche Altstadt – aber auch die Befreiungshalle hoch über der Stadt und dem Fluss. Errichtet wurde sie im Andenken an die gewonnenen Schlachten gegen Napoleon während der Befreiungskriege im Auftrag König Ludwigs I. von Bayern.

Der Fluss wird, von Nebenflüssen gespeist, derweil mächtiger. Auf dem Radweg direkt am Wasser entlang erreicht der Reisende Ulm, die Stadt mit dem imponierenden Münster und der verwinkelten Altstadt. Zwischen Ehingen und Ulm gibt es eine beliebte Variante, die auch ausgeschildert ist. Sie führt durch das Blautal, das die Urdonau formte, zum Blautopf mit den Orten Schelklingen, Blaubeuren und Blaustein. In Ulm mündet diese attraktive Alternative wieder auf die Hauptstrecke.

Historische Städtchen

Hier verlässt die Donau Baden-Württemberg und erreicht Bayern. Durch ein breites Tal bleibt der Radweg weiter nah am Fluss. Schöne Städte und Dörfer begleiten weiterhin die Reise – das auf einer Höhe gelegene Günzburg, Teil des Schwäbischen Barockwinkels, ist in dieser Reihe ein Höhepunkt. Wer mit dem Fahrrad reist, wird nicht nur an der Donau immer wieder mit Erstaunen feststellen, wie viele sehenswerte Städtchen und Städte mit historischem Kern es in Deutschland gibt.

Im weiteren Verlauf an Donauwörth und Ingolstadt vorbei, zeigt sich der Flusslauf mal natürlich, mal begradigt, er passiert Kraftwerke ebenso wie naturnahe

Steinerne Brücke

In Kelheim mündet der Main-Donau-Kanal, hier beginnt (oder endet) auch der bekannte Radweg durchs Altmühltal. Doch

wir bleiben an der Donau, denn noch steht eine ganze Reihe an Highlights bevor. Im bildschönen Regensburg überspannt den Fluss die Steinerne Brücke, die einst Kreuzfahrer auf ihrem Weg ins Heilige Land nutzten. Hinter dieser Stadt, in der man nicht nur für die Länge einer Kaffeepause verweilen sollte, erreicht der Radreisende mit dem Gäuboden eine fruchtbare Ebene, die landwirtschaftlich geprägt und relativ dünn besiedelt ist. Unterhalb der bayrischen Stadt Straubing ist der Fluss auf 70 Kilometern Länge noch einmal natürlich und weist eine reiche Tier- und Pflanzenwelt auf. Für den Abschnitt zwischen Straubing und Vilshofen wurde jahrelang über einen Ausbau diskutiert. 2013 entschied sich das bayrische Kabinett schließlich für einen sanften, umweltverträglichen Eingriff, der dennoch die Region als wirtschaftlichen Standort und den Hochwasserschutz stärkt.

Hinter Deggendorf erreicht die Donau bei Vilshofen ihren dritten Durchbruch, dieses Mal durch die Ausläufer des Böhmerwaldes, und dahinter schließlich die Dreiflüssestadt Passau, eine von vielen Perlen des Barock im bayrischen Teil der deutschen Donau. Hier vereinigt sie sich mit Inn und Ilz, um so gestärkt schon bald die Grenze zu passieren. Der Radler, der sich den deutschen Teil dieses europäischen Flusses vorgenommen hatte, hat sein Ziel erreicht. Er hat das Heranwachsen der jungen Donau zu einem imposanten Gewässer mitverfolgt – und wird sich vermutlich eines Tages wieder auf den Sattel schwingen, um nun den österreichischen Teil des Flusses bis nach Wien unter die Räder zu nehmen. Vielleicht zieht es ihn auch noch weiter nach Osten. Dafür ist aber dann spätestens jenseits von Budapest tatsächlich ein wenig der Geist des Abenteurers gefragt.

Linke Seite oben:
Eine von vielen zauberhaften Zwischenstationen ist das Städtchen Neuburg an der Donau mit seinem Residenzschloss aus dem 16. Jahrhundert. Hier lohnt sich eine Pause.

Linke Seite unten:
Von Passau aus geht der Blick auf die Veste Niederhaus, an der Mündung der Ilz gelegen. Darüber thront die Veste Oberhaus. Hier hatte der Bischof seine Residenz. Die Burg bot Schutz vor den äußeren Feinden, aber auch vor den eigenen Bürgern.

Links:
Die Gierseilfähre von Matting vor Regensburg ist bereit, einen VW-Käfer und seinen Besitzer ans nördliche Donauufer zu bringen. Diese Fähren brauchen keine andere Energie als die Strömung. Früher waren sie sehr verbreitet. Die Staustufen haben dem Fluss vielfach die Strömung genommen, darum gibt es solche Fähren heute viel seltener.

Unten:
Sehr selten muss man sich auf dem Donauradweg die Strecke mit Autos teilen und meist ist er so gut ausgebaut wie hier.

Oben:
Die Heuneburg am Fuß der Schwäbischen Alb ist eine vor- und frühgeschichtliche Höhensiedlung. Vor 2500 Jahren war hier ein keltischer Fürstensitz, internationaler Handel brachte Reichtum und Macht. Mehr als 5000 Menschen lebten einst hier. Eine große Stadtmauer aus Lehmziegeln, einige Häuser und Werkstätten wurden rekonstruiert.

Rechte Seite:
Von der Heuneburg schweift der Blick nach Südosten über die Schlingen der Donau zum Bussen, der mit seiner Wallfahrtskirche auch als „der Heilige Berg Oberschwabens" bezeichnet wird.

Linke Seite:
Die Doppeltürme des frühbarocken Münsters von Obermarchtal sind schon von Weitem zu sehen. Die Klosteranlage des ehemaligen Prämonstratenser-Chorherrenstifts thront hoch über der Donau.

Oben:
Riedlingen am Südrand der Schwäbischen Alb zwischen Sigmaringen und Ulm liegt in einem weiten Tal der Donau. Altstadthäuser schmiegen sich am Ufer aneinander. Seit dem 15. Jahrhundert besteht die alte Donaumühle mit ihrem Wehr; später wurde sie in ein kleines Wasserkraftwerk umgewandelt. Im Museum „Schöne Stiege" werden seltene Zeugnisse der Wassermüllerei gezeigt.

Linke Seite:
Im Ulmer Fischerviertel liegen die Altstadthäuser an der kanalisierten Großen Blau dicht beieinander. Dies ist der einzige Teil der Stadt, der im Zweiten Weltkrieg unversehrt blieb.

Oben:
Die Boote werden fürs „Nabada" auf der Donau vorbereitet. Die Flöße werden zu „Motivwagen", wie man sie andernorts aus der Fasnacht kennt. Das Jahnufer ist der ehemalige Schopper- oder Schiffsbauplatz in Neu-Ulm. Dort wurden die legendären Ulmer Schachteln gebaut, ein Einweg-Bootstyp, der seit dem Mittelalter auf der Donau der Waren-, Passagier- und Truppenbeförderung diente. Gegenüber liegen das berühmte Ulmer Münster, die Stadtmauer und die Altstadt.

Seite 52/53:
Schwörmontag in Ulm: Auf der Donau ist „Nabada", eine Art Umzug auf dem Fluss mit einigen Themenschiffen und unzähligen wilden „Nabadern". Das Traditionsereignis im Juli ist eine große Wasserschlacht jeder gegen jeden.

SEA-DOO
Olympia

Labor Biomechanik
Hochschule Ulm
Reebok
SPARTAN

OBERE APOTHEKE
46

Linke Seite:
Die Donau säumen unzählige sehenswerte Städtchen, hier Dillingen mit seinen wunderschönen Bürgerhäusern.

Oben:
In der Altstadt von Günzburg sind barocke Häuser erhalten geblieben. Auch hier gilt: Eine Pause lohnt auf jeden Fall.

Ganz oben:
Gestärkt geht es weiter. Nach einer kräftigen Vesper lassen sich die wenigen Anstiege auf dem Donauradweg gut bewältigen.

Oben:
Der Donauradweg gehört zu den bekanntesten Fernwegen überhaupt. Man trifft Gleichgesinnte und kommt immer wieder auch leicht ins Gespräch. Die beste Unterkunft, die urigste Wirtschaft – solche Tipps werden unterwegs ausgetauscht.

Ganz oben:
Fast immer befinden sich die Reisenden auf dem Donau-Radweg nah am Wasser. Vor dem Kraftwerk Bertoldsheim weitet sich der Fluss zu einem Stausee.

Oben:
Statt Kilometer zu schinden, sollte man sich immer wieder ausgiebig der Landschaft, den Orten und den Menschen widmen. So nimmt man einfach mehr mit nach Hause.

Ganz oben:
Neben einer gewissen Notration an Nahrung gehören eine Trinkflasche ins Gepäck und der Helm auf den Kopf – wenn man nicht gerade Pause macht mit einem „LKW", also einem Leberkäswecken.

Oben:
Schöne Biergärten – hier „das Mo" in Ingolstadt – gibt es an der deutschen und österreichischen Donau fast überall.

Ganz oben:
Wer sich morgens mit Proviant vom Bäcker eindeckt, ist unabhängiger. Doch allzu viel muss man auf dem Donauradweg nicht mitführen – die Dichte an Ortschaften mit Geschäften und Gastronomie ist hoch.

Oben:
Oft hat man auch Zeit für eine Stärkung, während man auf eine Überfahrt wartet – hier lockt bei der Seilfähre Eining ein Biergarten.

Seite 58/59:
Wer rechtzeitig seine Tagesetappe beendet, hat noch Zeit, sich vor Ort umzusehen und etwa eine Abendstimmung wie hier am Renaissance-Schloss in Neuburg an der Donau zu genießen.

Oben:
Die Befreiungshalle ist ein Denkmal auf dem Michelsberg oberhalb von Kelheim in Niederbayern. Errichtet wurde sie im Andenken an die gewonnenen Schlachten gegen Napoleon während der Befreiungskriege von 1813 bis 1815. König Ludwig I. von Bayern gab den Bau in Auftrag.

Rechte Seite:
Die Benediktinerabtei Kloster Weltenburg in der Donauschlinge vor Kelheim gilt als das älteste Kloster Bayerns. Schon im 7. Jahrhundert gegründet, war sie Ausgangspunkt für die Christianisierung. Die heutigen barocken Bauten stammen vom Beginn des 18. Jahrhunderts. Hauptaufgaben der Abtei sind die Seelsorge für vier Pfarreien und die Aufnahme von Gästen in der „Begegnungsstätte St. Georg".

Ludwigstraße
Matthäuskirche

Linke Seite:
Die hübsche Stadt Kelheim liegt am Ausgang des Donaudurchbruchs. Hier münden die Altmühl und damit auch der Main-Donau-Kanal in die Donau. Über diesen Kanal ist die Donau seit 1992 mit dem Main und damit auch mit dem Rhein verbunden. Die bei ihrem Bau höchst umstrittene Wasserstraße ermöglicht die Verbindung von Rotterdam bis zum Schwarzen Meer.

Oben:
Während Radler an der historischen Gierseilfähre Matting vor Regensburg warten, ziehen sich dunkle Wolken am Himmel zusammen. Für schlechtes Wetter müssen Radwanderer gerüstet sein. Droht ein Unwetter, ist der nächste Unterstand aber meist nicht weit.

Oben:
Regensburg – ein Höhepunkt am Lauf der Donau. Das Bild zeigt den berühmten Dom, die Uferpromenade, den Salzstadel aus dem 17. Jahrhundert und auf dem Wasser einen historischen Raddampfer, der ein Schifffahrtsmuseum birgt.

Rechte Seite:
Nach dem Dreißigjährigen Krieg wurden in vielen Städten, die bis dahin mehrheitlich protestantisch waren, nach dem Vorbild von München Marienstatuen errichtet – oder aber später, nach den siegreich beendeten Türkenkriegen, Dreifaltigkeitssäulen wie hier auf dem Theresienplatz in Straubing. Im Hintergrund die Jesuitenkirche.

Seite 66/67:
Am Passauer Donaukai liegen Ausflugsschiffe, aber auch größere Hotelschiffe, die hier ihre Reise beginnen. Die kleine, enge Altstadt von Passau hat an Sommertagen ein fast südländisches Flair. Nach einem Stadtbrand im 17. Jahrhundert waren hier viele italienische Künstler am Werk, um die Häuser im barocken Stil wieder aufzubauen.

RIGOLETTO

KRISTALLSCHIFF
EXCLUSIVELY MADE WITH SWAROVSKI CRYSTALS
Passau - D

Linke Seite:
Und weiter geht es die Donau hinab, die längst zu einer Breite angewachsen ist, die Schifffahrt erlaubt. Nebenflüsse speisen den Strom, in Passau etwa Inn und Ilz.

Oben:
Adieu Bayern, Grüß Gott Österreich: Der Europäischen Union ist es zu verdanken, dass Grenzübertritte nahezu unbemerkt verlaufen – wären da nicht die schönen alten Schilder am Wegesrand.

Oben:
„Achtung Staatsgrenze" – das hat heute wenig praktische Bedeutung. Aber es erinnert daran, dass die innereuropäischen Grenzen einst geschlossener waren.

Passau bis Wien mit Rad und Schiff

Die Reise von Passau nach Wien entlang der Donau ist ein absoluter Klassiker, mit dem Fahrrad wie auf dem Fluss. Man kann die Strecke komfortabel mit dem Kreuzfahrtschiff zurücklegen, die Landschaften gemächlich an sich vorbeiziehen lassen und Höhepunkte bei diversen Landgängen erkunden. Doch auch wer sich auf den perfekt ausgebauten und beschilderten, meist flach verlaufenden Radwegen rechts und links des Flusses fortbewegt, hat zwischendurch immer wieder Gelegenheit, auf Boote und Fähren umzusteigen, sei es, um die Seite zu wechseln, ein Stück Weg abzukürzen oder einfach bei der Reise an der Donau den Fluss ganz nah zu erleben. Das macht eine Tour zusätzlich attraktiv, die ohnehin zu den beliebtesten gehört, weil sie so viel zu bieten hat: herrliche Landschaften voller Abwechslung, wunderbare Städte und Dörfer, ausgeprägte Gaumenfreuden und jede Menge Kultur. Nur selten sind Radfahrer gezwungen, sich den Weg mit Autos zu teilen. An vielen Wasserkraftwerken kommt der Radler vorbei, Österreich bezieht einen Großteil seiner Energie aus dem Wasser. Das einzige Atomkraftwerk, das nach einer Volksabstimmung allerdings nie in Betrieb ging, liegt ebenfalls am Fluss: Zwentendorf, ein Symbol für den Erfolg der Öko-Bewegung. Dass der Donauradweg gerade zwischen Passau und Wien der vielleicht bekannteste Fernradweg überhaupt ist, sollte einen übrigens nicht abschrecken: Überfüllt ist die Strecke selten, und die Möglichkeiten, zu übernachten und einzukehren, sind mit der Zahl der Radler gewachsen.

Oben: Im Vorbeifahren genießen die Passagiere die wechselnden Landschaften und Stimmungen. Hier fahren sie beim Aperitif nahe Budapest in den Abend hinein.

Linke Seite: Aus der Ferne fällt der Blick auf das Städtchen Grein im Strudengau. Einst war die Donau auf dieser Passage der Strudel wegen gefährlich, doch das ist Geschichte. Ein Besuch von Grein lohnt allein wegen seines historischen Theaters.

Die Tour beginnt in der Barockstadt Passau, in der auch viele Kreuzfahrtschiffe auf die Reise gehen – bis nach Budapest oft, aber auch bis zum Schwarzen Meer. In Passau münden Inn und Ilz in die Donau. Kaum eine andere Stadt ist derart vom Wasser geprägt, spektakuläre Hochwassermarken an vielen Gebäuden künden von der Schattenseite dieser Tatsache. Wer sich mit dem Fahrrad Richtung Wien aufmacht, hat zunächst rund 15 komfortable, aber recht langweilige Kilometer vor sich. Der Weg läuft zwischen Fluss, Bahn und Autostraße der österreichischen Grenze entgegen. Hat man die freilich erreicht, wird die Strecke wunderschön und abwechslungsreich. Letzteres bleibt sie bis in die Landeshauptstadt Österreichs.

Nicht weit hinter der Grenze bei Engelhartszell wartet mit der Schlögener Schlinge eine der spektakulärsten Passa-

gen der Reise. Die Donau durchbricht hier die Ausläufer des Böhmerwaldes und hat mehrere Mäander ins Granitgestein gegraben. Wer Zeit hat, sollte einen Aufstieg suchen und die Schlinge von oben betrachten – die Mühe wird mit Sicherheit belohnt. Radfähren transportieren Reisende samt Gefährt durch die von Wald umgebene Donauschleife, die Fährleute wissen jede Frage zu diesem besonderen Flussabschnitt zu beantworten. Wer weiter in die Pedale treten möchte, kann die Schlaufe natürlich auch auf dem Radweg Meter für Meter ausfahren.

Durch pure Natur geht es weiter Richtung Obermühl am Fuß des Mühlviertels, wo die Kleine Mühl in die Donau mündet. Bei einem mächtigen Kornspeicher kurz hinter dem Ort liegt die Fährstation: Hier wie weiter flussabwärts in Ottensheim hat der Radler die Qual der Wahl. Rechts oder links des Flusses geht es weiter der Stadt Linz entgegen. Die einstige Industriestadt hat sich zur Kulturmetropole gemausert und leugnet auch die Tatsache nicht, dass sie zu den bevorzugten Orten Adolf Hitlers gehörte. Vorbildlich hat die oberösterreichische Hauptstadt ihre braune Vergangenheit aufgearbeitet – eine Vergangenheit, die einem kurz hinter der Stadt in der Gedenkstätte des Konzentrationslagers Mauthausen wiederbegegnet, wenn man den bedrückenden, aber auch eindrucksvollen Abstecher nicht scheut. Hinter Linz wird auch die Tatsache augenfällig, dass die Stadt ein wichtiger Standort der Stahlindustrie ist. Der Mensch lebt halt nicht von Landschaft und Kultur allein.

Doch bald ist die ländliche Region des Strudengaus erreicht. Diese Engstelle der Donau war wegen ihrer Strudel und Wirbel bei Schiffern gefürchtet. Hübsche Städtchen säumen die Strecke, darunter Grein, das allein wegen seines bezaubernden historischen Theaters einen Abstecher wert ist. In Grein ist es auch ratsam, erneut die Seite zu wechseln. Durch den sanften Nibelungengau geht es dem Kloster Melk entgegen. Die barocke Pracht des berühmten Benediktinerklosters, das mehrere Innenhöfe umschließt, sollte man sich nicht entgehen lassen. Das auf einer Anhöhe gelegene Stift markiert den Beginn der Wachau, einer 40 Kilometer langen Etappe, die zu den Höhepunkten der Reise zählt. Man kann auch hier mit dem Rad aufs Wasser umsteigen und die Landschaft in Ruhe an sich vorbeistreichen lassen. Intensiver erlebt man die heitere Landschaft, die Weinterrassen an steilen Hängen, die von Marillen dominierten Obstplantagen und die wunderschönen Ortschaften, wenn man auf dem Radweg bleibt, auch wenn es den einen oder anderen Tropfen Schweiß kostet. Belohnen kann man sich dafür mit der einen oder

Oben:
Auch Radfahrer dürfen immer mal wieder aufs Schiff – nicht nur auf die vielen Fähren an der Strecke. Das Bild zeigt eine Zille, die die Schlögener Schlinge durchfährt. Vom Bootsmann bekommt man Informationen und im Zweifelsfall, etwa bei schlechtem Wetter, auch einen Schnaps.

Links:
Kein Kreuzfahrtschiff versäumt es, die Passagiere in der Wachau von Bord zu lassen. Hier hat die A'Rosa Mia Stein an der Donau, heute ein Stadtteil von Krems, erreicht.

anderen Einkehr und Marillen-Spezialitäten. In der kleinen, feinen Universitätsstadt Krems endet die Wachau. Hier sollte man sich Zeit nehmen für das Karikaturenmuseum, in dem unter anderem der Zeichner Manfred Deix gewürdigt wird. Wer dem schwarzen Humor der Österreicher auf die Spur kommen will, ist hier bestens aufgehoben.

Große Kunst

Apropos Kunst: Kurz vor Melk passiert der Radweg Pöchlarn, den Geburtsort von Oskar Kokoschka. Im Geburtshaus sind eine sehenswerte Dokumentation und Wechselausstellungen zu entdecken. Und 40 Kilometer hinter Krems erreicht der Reisende das Städtchen Tulln, aus dem der Maler Egon Schiele stammt. Ein kleines Museum zeigt frühe Werke, sein Geburtshaus ist eine begehbare Erlebniswelt. Man muss nicht erst Wien erreichen, um auf dieser Reise in die große Kunst einzutauchen. Dort kann man es aber dann besonders intensiv. Wien, die alte Schöne, begegnet einem am Ende der Radreise dann erstaunlich jung. Natürlich gibt es die zahllosen Touristengruppen, die Stadtführern staunend durch die prächtige Altstadt folgen. Immerhin war Wien einst Mittelpunkt eines Weltreichs, das hat sich in der Architektur niedergeschlagen. Doch es gibt auch Orte wie das Museumsquartier, das von Studenten belagert ist. Die Radtour entlang der Donau endet übrigens in einer Donaumetropole, in der der Fluss – anders als etwa in Budapest – wenig sichtbar ist. Der Reisende verschmerzt es. Er ist donausatt. Und stürzt sich, wenn er noch etwas Zeit hat, mit Wonne in das reiche Leben der Großstadt.

Oben:
Schiffe warten an der Anlegestelle Krems-Stein auf ihre Weiterfahrt. Die Landgänger besuchen derweil die Stadt. In Krems lohnt unbedingt das Karikaturenmuseum einen Besuch.

Links:
Die Fährfahrt an der Schlögener Schlinge ist zu Ende, es ist wieder Muskelkraft gefordert.

Seite 74/75:
Die Schlögener Schlinge in Oberösterreich ist die spektakulärste Donauschleife auf dem fast 3000 Kilometer langen Flusslauf. Hier durchbricht die Donau den Granit des Böhmerwaldes. Fähren bringen Radfahrer und Fußgänger von einem Flussufer zum anderen.

Radfähren
Au - Schlögen - Inzell - Grafenau
Schlögen
Grafenau
Au
600m
(Ort)
Au
50m
Ihr Standort
Inzell
Radweg
Radweg
1 Au - Schlögen
Betriebszeiten:
2 Au - Inzell
Betriebszeiten:
April, Okt.: 9.00 - 18.00
1. Mai - 30. Sept.: 8.00 - 20.00
3 Au - Grafenau
(Langsfähre, Länge 3,8km)
Betriebszeiten:
1. Mai - 30. Sept.: 9.00 - 18.00
Fährtarife: 1
Erwachsene: € 2,--
Kinder (6 -15 Jahre): € 1,--
Fährtarife: 2
Erwachsene: € 1,50
Kinder (6 -15 Jahre): € 1,--
Fährtarife: 3
Erwachsene: € 5,-
Kinder (6 -15 Jahre): € 2,50
Außerhalb der Betriebszeiten auf Anfrage
Gruppenermäßigung

Linke Seite:
Wer die Möglichkeit nutzen will, die Schlinge auf dem Wasser zu passieren, kann sich auf dem Hinweisschild orientieren. Drei Personen- und Radfähren stehen zur Wahl.

Oben:
Die Radfahrerin ist auf dem Weg zum Bauernhof „Zur Fährfrau", wo man übernachten kann – mitten in der Schlögener Schlinge.

Oben:
In Niederranna unweit der deutsch-österreichischen Grenze betreibt Rudolf Königsdorfer eine Werkstatt für Boots- und Zillenbau. Mit den Zillen wanderten schon die Donauschwaben von Ulm Richtung Osten aus.

Rechte Seite:
In der Werkstatt Witti in Freizell bei Niederranna werden noch heute Zillen gebaut. Seit 1739 baut die Familie Witti diese historischen Holzboote, heute beliefert Anton Witti ganz Europa.

A-40415 Drahtseilbrücke Ottensheim
Panoramica
RIGOLETTO

Linke Seite:
Auch in Ottensheim bei Linz bringt eine Gierseilfähre Menschen und ihre Fahrzeuge über die Donau. Seit 140 Jahren sind diese höchst umweltfreundlichen Transportmittel im Einsatz.

Ganz oben:
Der Gasthof Draxler ist nur eine von vielen herrlichen Wirtschaften an der Donau. Regionale Spezialitäten wie warmer Krautsalat mit Blunzengröschtel erweitern die Erkundung des Urlaubslandes um den unverzichtbaren kulinarischen Aspekt. Ein Weißbier gehört für viele dazu.

Oben:
Klare Anweisungen in landestypischer Ausdrucksweise begleiten die Strecke. Hier quert eine Bahnlinie, da heißt es: Obacht!

Ganz oben:
Nette Piktogramme geben dem Radler die Gewissheit, auf dem richtigen Weg zu sein.

Oben:
Viel frische Luft und Bewegung machen hungrig. Hier gibt es Knödel und Most auf dem Bauernhof „Wurzergut". Wer Glück hat, kann hier auch gleich übernachten.

Oben:
Die Altstadt von Linz zieren mächtige barocke Wohnhäuser. Die Hauptstadt von Oberösterreich ist zwar nach wie vor eine Industriestadt und Stahl-Metropole, aber eine spannende und zeitgemäße Kulturszene und tolle Museen sind einen ausführlichen Besuch wert.

Rechte Seite:
Radfahrer in der Altstadt von Linz. Vielleicht sind es Einheimische, vielleicht aber auch Donau-Radwanderer, die sich an ihrem Etappenziel umsehen.

Seite 84/85:
Linz war 2009 Kulturhauptstadt Europas. In der Abendstimmung sticht das Ars Electronica Center, das seine Farben zu Musik wechselt, besonders ins Auge. Hier spiegelt es sich in der mächtigen Donau und korrespondiert mit dem gegenüberliegenden neuen Lentos Kunstmuseum.

RÖMERBRUNNEN
WIRTSHAUS
EHEM. HERZ ASS
FRIEDLIEB

URFAHR

Linke Seite:
Tief im Grünen liegt der Donau-Altarm beim Stauwehr Abwinden. Während man auf dem Damm entlangradelt, geht der Blick immer wieder mal hinab in solch schöne Reste von Auwäldern.

Ganz oben:
„Treppelweg" steht auf dem Schild beim Donaukraftwerk Mitterkirchen – das ist ein anderes Wort für „Treidelweg". Auf dem neuen Donaudamm hat freilich nie jemand getreidelt, also ein Schiff gezogen.

Oben:
Schilder geben allzeit Orientierung. Hier findet sich kurz vor Grein ein ganzer Wald davon.

Oben:
Eine mächtige alte Eisenbahnbrücke überspannt die Donau beim Industriequartier der voestalpine AG bei Linz.

FF NEUSTADTL/D

Linke Seite:
Wer die Fähre nutzt und übersetzt, kommt ins hübsche Grein im Strudengau. Hier lockt unter anderem ein bezauberndes historisches Theater, das noch bespielt wird, aber auch besichtigt werden kann.

Bilder oben:
Auch auf Regen hat sich der Tourenradler einzustellen. Da hilft die richtige Kleidung – oder auch mal die Entscheidung, einen Tag Pause einzulegen oder das Verkehrsmittel zu wechseln. Wo keine Bahnlinie ist, nehmen oft Busse oder Schiffe die Radreisenden mit.

Oben:
Nahe Ybbs geht der Blick über den breiten Strom nach Gottsdorf am linken Ufer der Donau in Niederösterreich.

Rechte Seite:
Bei Persenbeug, das von seinem großen Schloss dominiert wird, liegt eines der zahlreichen Donaukraftwerke. Österreich gewinnt viel Energie aus dem Fluss.

Melk
35

P
P

Seite 92/93:
Ein Höhepunkt jeder Donaureise ist das weltberühmte Benediktinerstift Melk, das hier im Abendlicht leuchtet. Der Strudengau liegt hier hinter den Reisenden, die Wachau vor ihnen – da entfaltet sich der ganze Reiz der Tour.

Oben:
Eine Besichtigung des Klosters Melk ist ein Muss. Über diese schöne Wendeltreppe kommt man von der herrlichen Bibliothek in die Stiftskirche. Man sollte nicht allzu lange verweilen: Die nächste Besuchergruppe ist sicher schon im Anmarsch.

Rechte Seite:
Im Marmorsaal des Klosters Melk speiste der Kaiser mit seinen weltlichen Gästen. Das Deckenfresko aus dem Jahr 1731 von Paul Troger stellt die Göttin Pallas Athene auf dem Löwenwagen dar, außerdem Herkules, der mit einer Keule den Höllenhund erschlägt. Man deutete es auch als allegorische Darstellung des habsburgischen Herrscherideals – die ausgewogene Verbindung von notwendiger Gewalt (Herkules) und kluger Mäßigung (Athene).

Linke Seite:
Die Wachau ist immer eine Reise wert. Während des Frühjahrs entfaltet die Landschaft aber noch mehr Zauber. Dann blühen die Marillen, die in Deutschland meist Aprikosen heißen.

Ganz oben:
Nicht nur Schnaps, Marmelade oder Knödel werden aus Marillen gemacht, sondern auch Kosmetik und allerlei andere Produkte.

Oben:
Der Palatschinken gehört zu den berühmtesten Spezialitäten Österreichs – in der Wachau wird er selbstverständlich mit Marillenmus serviert.

Oben:
Die Aprikosenblüten tauchen die Landschaft im Frühjahr in ein duftiges Weiß.

Oben:
Auch für die Reisenden auf dem Kreuzfahrtschiff ist die Wachau-Passage ein besonderer Genuss. Hier erleben sie die Landschaft bei Melk in der Morgenstimmung.

Rechte Seite:
Auf Felsen am Eingang der Schlucht zur Wachau thronen Schloss und Kloster Schönbühel. Die Klosterkirche ist der Pest-Heiligen Rosalia gewidmet.

Oben:
Marillen, Wein und steile Hänge – das ist die Wachau.

Seite 102 / 103:
Der vielleicht fotogenste Ort in der Wachau ist Dürnstein, im Bild die Stiftskirche und die mittelalterliche Burgruine über dem Ort. Im Kerker schmachtete einst Richard Löwenherz.

Ganz oben:
In der Wachau begünstigt das Klima die Qualität der Trauben und das Aroma. Grüner Veltliner und Riesling gedeihen hervorragend auf den Urgesteinsböden.

Oben:
Im Weinkeller von Günther Kendl stehen moderne Stahltanks im uralten Gewölbe. Kendl gehört zu den jungen Winzern in der Wachau, die sich höchster Qualität verschrieben haben.

Rechte Seite:
Von den Weinbergen oberhalb des Winzerorts Spitz ist nicht nur die Donau aus der Höhe zu erkennen, sondern auch die Ruine Hinterhaus. Die Burg sollte den Fluss einst überwachen.

Linke Seite:
Die Pfarrkirche St. Nikolaus mit ihrem Zwiebelturm und die ehemalige Frauenbergkirche dahinter prägen die Silhouette von Stein an der Donau.

Oben:
Die Rollfähre von St. Lorenz nach Weißenstein nimmt natürlich auch dieses herrliche alte Motorrad mit.

ROUSSE
RUSE BG
SERENITY
NL BEMMEL NL

Linke Seite:
In Dürnstein, wo sich die Schönheit der Landschaft Wachau mit der der Architektur verbindet, legt natürlich auch jedes Kreuzfahrtschiff an.

Ganz oben:
Passagiere auf dem Kreuzfahrtschiff genießen den Sonnenuntergang nach der Staustufe Abwinden/Asten.

Oben:
Anlegen kann man am Kai, aber auch am Nachbarschiff.

Ganz oben:
Entspannung ist auf dem Kreuzfahrtschiff im Preis inbegriffen.

Oben:
So lässt es sich leben: Die Kabine auf dem Kreuzfahrtschiff ist geräumig und nobel ausgestattet. Den meisten garantiert das sanfte Schaukeln der nächtlichen Fahrt einen guten Schlaf.

Das Laufkraftwerk Ybbs-Persenbeug liegt zwischen diesen beiden Orten am Ende des Strudengaus in der Donau. Über die Brücke verläuft eine Straße. Links im Bild: Ybbs an der Donau, rechts Persenbeug mit Schloss.

Seite 110/111:
Kurz vor Wien liegt das imposante Stift Klosterneuburg mit seinen Bauten und Kunstschätzen aus unterschiedlichen Epochen. Es wurde ab dem frühen 12. Jahrhundert an der Stelle eines römischen Kastells errichtet und im 15. bis zum 19. Jahrhundert ausgebaut.

Ganz oben:
Wien, für viele Radler das Ziel, ist erreicht. Ein unspektakuläres Schild weist darauf hin, dass hier das Gebiet der österreichischen Hauptstadt beginnt, die Weltgeschichte geschrieben hat.

Oben:
An einem kleinen Yachthafen am Rand von Wien liegt das wunderbare Restaurant „Flamingo-Fischerhütte". Auf dem Grill liegt Steckerlfisch, eine Spezialität in Bayern und Österreich.

Ganz oben:
Die Müllverbrennungsanlage an der Wiener Stadtgrenze hat der populäre Künstler Friedensreich Hundertwasser gestaltet. Es ist nicht sein einziges Bauwerk in der Stadt.

Oben:
Ein Kiosk, der sich „Bierhütte" nennt, verkürzt den Weg von der Stadtgrenze ins Zentrum. Der führt entweder am Kanal entlang oder über die Donauinsel. Beides hat seinen Reiz.

Rechte Seite:
Die Fiaker am Stephansdom gehören zu den Markenzeichen der Stadt Wien. Hier ist der Donau-Radler nun endgültig am Ziel – wenn es ihn nicht weiter nach Osten zieht.

Profi
Profi
Gudereit

Seite 114/115:
Schloss Schönbrunn war lange die Sommerresidenz des österreichischen Kaiserhauses. Hier geht der Blick vom großen Parterre mit dem Neptunbrunnen zur Gloriette, dazwischen erstreckt sich der große Park.

Oben:
Der Stephansdom, von den Wienern kurz Steffl genannt, ist wie der Prater oder die berühmten Kaffeehäuser ein Wahrzeichen der österreichischen Hauptstadt. Er ist seit 1365 Domkirche, seit 1479 Bischofssitz und seit 1723 Metropolitankirche des Erzbischofs von Wien.

Oben:
Die Capistrankanzel am Stephansdom ist eine kleine gotische Kanzel aus Sandstein, die sich seit 1752 außen am Nordchor befindet. Ihr Name erinnert an den Franziskanermönch Johannes Capistranus. Er kam am 6. Juni 1451 nach Wien und rief von dieser Kanzel in 32 vielbesuchten Predigten gegen Luxus und Laster auf und zur Verteidigung des Christentums gegen den Vormarsch der Osmanen.

Rechte Seite:
Der Stephansdom ist ein Besuchermagnet. Wer ihn auch im Innern besuchen will, ist gut beraten, sich schon am Morgen auf den Weg zu machen. Sonst hat man im Gedränge nicht viel davon.

Oben:
Die Wiener Secession wurde 1897 von Gustav Klimt, Koloman Moser und anderen Jugendstil-Künstlern als Abspaltung vom Wiener Künstlerhaus gegründet, weil es ihnen zu konservativ war. Vorbild war die Münchner Secession. 1898 wurde auch das Ausstellungshaus nach Entwürfen des Otto-Wagner-Schülers Joseph Maria Olbrich erbaut.

Rechte Seite:
Das „Hundertwasserhaus" in Wien ist ein ganzer Gebäudekomplex, der in den 1980er-Jahren erbaut wurde – bunt, verspielt und von viel Grün umrankt. Ein Eldorado für Fans des österreichischen Künstlers Friedensreich Hundertwasser.

TERRASSENCAFE IM
HUNDERTWASSERHAUS

Oben:
Liebhaber des Jugendstils kommen in Wien voll auf ihre Kosten. Die U-Bahn-Station am Karlsplatz ist ein hervorragendes Beispiel. Von hier sind es auch nur ein paar Schritte zur Jugendstil-Häuserzeile am Naschmarkt.

Rechte Seite:
Eines der berühmtesten Jugendstil-Gebäude in Wien ist die Österreichische Postsparkasse, zu Beginn des 20. Jahrhunderts von Otto Wagner geplant. Das Bild zeigt den Kassensaal.

17
APRIL
2015
12
13
15
16
17

Linke Seite:
Auch große Wohnkomplexe, hier ein Beispiel am Getreidemarkt in Wien, wurden im Jugendstil ausgeführt.

Oben:
Ein Bummel über den ausgedehnten Naschmarkt im sechsten Bezirk gehört zu jedem Wien-Besuch, selbst beim Kurzprogramm. Hier locken Waren und Düfte aus aller Herren Länder und viele gastronomische Betriebe.

Oben:
Der Friedhof der Namenslosen im Bezirk Simmering ist den Menschen gewidmet, deren Leichen die Donau an der Stadtgrenze im Südosten von Wien angeschwemmt hat – Verunglückten, Suizidalen, Ermordeten. Der frühere Totengräber Josef Fuchs hat diesen besonderen Friedhof bis zu seinem Tod im Jahr 1996 mit großer Sorgfalt betreut.

Rechte Seite:
Zu den Wiener Wahrzeichen zählen der Vergnügungspark Prater und das große Riesenrad von 1897. Von hier bietet sich ein wunderbarer Blick über die Stadt.

24
22
26
28

Bis zum Delta mit dem Schiff

Es ist etwas ganz Besonderes, die Schlögener Schlinge und die Wachau in Österreich, das Eiserne Tor weiter im Osten und andere Schönheiten direkt auf dem Fluss zu erleben. Kreuzfahrten auf der Donau über unterschiedliche Distanzen sind neben den Radtouren zu Klassikern des Tourismus am europäischsten aller Flüsse avanciert. Hier gilt wie für alle Formen des Reisens entlang der Donau: Die Zeitenwende von 1989 hat Türen geöffnet. Die Nachbarn jenseits der Grenze zu Ungarn kennen zu lernen ist nun mit kaum einer Hürde mehr versehen, und die Kreuzfahrt ist eine der bequemsten Möglichkeiten. Das Schiff ist Hotel, Restaurant und Fortbewegungsmittel in einem. 3000 Jahre Geschichte, prachtvolle Residenzstädte, Klosteranlagen und Kirchen, beschauliche Landschaften und schroffe Felsen ziehen am Reisenden vorbei oder werden bei Landgängen erkundet, bei denen man sich nach Stunden an Deck Bewegung und zusätzliche Anregung verschaffen kann. Das Programm der Kreuzfahrten richtet sich auch nach natürlichen Gegebenheiten wie Hoch- und Niedrigwasser, Faktoren übrigens, die die Schifffahrt im Extremfall auch mal ganz zum Erliegen bringen. Schleusenzeiten geben ein Stück weit den Reisetakt vor, Brücken die Höhe der Schiffe: Damit sie überall hindurchpassen, sind die Kreuzfahrtschiffe schmal und relativ flach. Nach Gusto kann man sich über verschiedene Distanzen auf diese Form des Reisens einlassen. Viele buchen den attraktivsten Abschnitt zwischen Passau und Wien oder bleiben bis Budapest an Bord, doch auch die Reise bis zum Delta wird immer beliebter. Entlang des Flusses hat man sich längst auf diese Form des Reisens eingestellt. So ermöglichen durchgängig große Schilder die Orientierung. Und auch auf den Schiffen werden die Passagiere laufend darüber ins Bild gesetzt, was da rechts und links vorüberzieht, während man dem Nullpunkt im Donaudelta Stück für Stück entgegenschwimmt.

Oben: Das Leben in den Dörfern des Donaudeltas ist einfach, der Pferdewagen das übliche Fortbewegungs- und Transportmittel auf den vormodernen Straßen. Besucher fühlen sich in die Vergangenheit zurückversetzt.

Linke Seite: Mitunter lohnt es sich, früh aufzustehen: Hier fährt das Kreuzfahrtschiff in der Morgendämmerung in das Eiserne Tor ein, ein Durchbruchstal der Donau in den südlichen Karpaten.

Fünf Hauptstädte

Eine Kreuzfahrt auf der Donau bietet auch die seltene Chance, gleich fünf europäische Hauptstädte mindestens für einen ersten Eindruck zu erleben: Wien in Österreich, Bratislava in der Slowakei, Budapest in Ungarn, Belgrad in Serbien und Bukarest in Rumänien. Österreichs Kapitale ist mit der Donau im allgemeinen Bewusstsein enger verbunden als jede andere Stadt – hieß doch das von ihr beherrschte politi-

zu Stadt an Landschaften vorbei, deren Charakter sich immer wieder ändert, das Ganze in höchster Bequemlichkeit – es hat seinen Grund, dass das Reisen mit dem Kreuzfahrtschiff immer beliebter wird. Die Donau bietet eine gute Möglichkeit, das einmal zu erleben.

In Tulcea ist in der Regel für jene, die sich für die lange Kreuzfahrt entschieden haben, die Reise zu Ende. Für eine der aufregendsten Etappen, die die Donau bietet, muss man auf ein kleineres Wassergefährt umsteigen und sich in die Obhut eines Guides begeben, sonst geht man im Gewirr der Wasserläufe leicht verloren. Auf seinen letzten Kilometern zerfasert der Fluss in drei Haupt- und unzählige Nebenarme, schafft eine Welt aus Schilf und Wasser, ein Paradies für Tiere und Pflanzen – das Delta, Weltnaturerbe seit 1993. Wer es besuchen will, muss sich anmelden und Eintritt entrichten. Mit knapp 6000 Quadratkilometern ist es das zweitgrößte Feuchtgebiet Europas, nur das Delta der Wolga übertrifft es noch.

sche Gebilde „Donaumonarchie". Dabei ist der Fluss, dem unsterblichen Donau-Walzer von Johann Strauß zum Trotz, in Wiens Innenstadt überhaupt nicht präsent. Nach katastrophalen Überschwemmungen wurde der Strom gebändigt und umgeht im kanalisierten Flussbett die Stadt weiträumig. Die Hauptstadt Bratislava kauert im Dreiländereck Slowakei/Ungarn/Österreich und ist auch historisch von dieser Lage geprägt. Das Zentrum vom Barock dominiert, die Peripherie von Trabantenstädten, gilt Bratislava heute als junge Stadt mit Zukunft.

Mit der Schönheit des ungarischen Budapest, der nächsten Metropole am Strom, kann sie es nicht aufnehmen, aber das können ohnehin nicht viele. In Budapest ist die Donau prägender Teil der Stadtarchitektur. Als breiter Strom fließt sie zwischen den Stadtteilen Buda und Pest. Danach hat es das serbische Belgrad schwer. Doch wer sich darauf einlässt, erlebt eine Stadt voller Partylaune, Lebensfreude und Musik. Für einen Besuch in Rumäniens Hauptstadt Bukarest schließlich entfernt sich der Kreuzfahrt-Passagier ein Stück von Schiff und Fluss und erlebt dann eine Stadt, die vielfach als das „Paris des Ostens" beschrieben wurde. Neben dem Glanz finden sich freilich bis heute auch Bausünden und Verfall, doch der zweite Blick lohnt – sofern der Ausflug genügend Zeit lässt. Von Stadt

Leuchtturm von Sulina

Jahr um Jahr wird das Delta um 40 Meter größer. Der Leuchtturm von Sulina, einst Flusskilometer 0 am Ufer des Schwarzen Meeres, steht heute ein Stück im Landesinneren. Schon deshalb ist die genaue Bestimmung der Flusslänge ein stets vorläufiges Unterfangen. Das Delta ist ein Labyrinth aus Wasserläufen, Altarmen, Seitenflüssen, Tümpeln und Seen, Sümpfen und Sandbänken. Die kleinen Wasserwege ändern ständig ihren Lauf, ohne Guide verirrt man sich rasch. Drei mächtige Hauptarme bahnen sich den Weg zum Schwarzen Meer. Rund 5200 verschiedene Tier- und Pflanzenarten sind im Delta zu Hause, darunter etliche, die selten oder gar vom Aussterben bedroht sind. Der Reichtum verdankt sich einer einzigartigen Vielfalt an Lebensräumen. Für Ornithologen ist die Wasserlandschaft mit ihren mehr als 300 Vogelarten ein Paradies. Doch das Delta ist längst nicht mehr durchweg ursprünglich. Die härtesten Eingriffe gehen auf den rumänischen Diktator Nicolae Ceauşescu zurück. Er wollte die Urlandschaft trockenlegen, um sie für Landwirtschaft und Industrie nutzbar zu machen. Es wurden Dämme, Deiche und Entwässerungskanäle gebaut, doch das Ergebnis erwies sich als ungeeignet für den gewünschten Zweck. Außerdem begann zur Zeit Ceauşescu die industrielle Ausbeutung dieses größten Schilfanbaugebietes der Welt. Ein Fünftel des Deltas wurde zerstört, bevor der Sturz des Diktators 1989 Schlimmeres verhinderte. Heute stehen mehr als 70 Prozent des Deltas unter Naturschutz, das Delta ist seit 1990, im ukrainischen Teil seit 1998 Biosphärenreservat.

Mit dem Delta mündet die Donau, die auf ihrer langen Reise so viele Länder und Landschaften durchmessen hat, ins Schwarze Meer. Adieu – wir sehen uns wieder. Im Schwarzwald oder an irgendeinem anderen Ort am Ufer.

Linke Seite oben:
Die rumänische Hafenstadt Tulcea im Delta liegt genau an der Stelle, an der die Donau eine scharfe Biegung in Richtung Osten macht. Tulcea ist das Eingangstor für alle, die ins Delta reisen.

Linke Seite unten:
Das Kreuzfahrtschiff passiert in der Morgendämmerung die serbische Landschaft nördlich der Stadt Novi Sad.

Links:
Das Donaudelta ist Biosphärenreservat und Weltnaturerbe. Das Bild zeigt den Hafen von Sfântu Gheorghe mit Fischerbooten.

Unten:
Die Tafel des Trajan wurde in den Fels des Eisernen Tors auf der serbischen Seite der Donau geschlagen. Sie wurde im Jahre 100 anlässlich des Straßenbaus in der unteren Schlucht der Donau angebracht. Bei den Bauarbeiten für das Kraftwerk 1972 wurde die Tafel um 30 Meter höher gesetzt, um sie zu erhalten. Seitdem ist sie nur noch vom Wasser aus sichtbar.

Oben:
Die Donau spielt für die Schifffahrt bei weitem nicht die Rolle, die der Rhein hat, aber es gibt sie. Hier ein typischer Schiffsverband aus Schubschiff mit mehreren Leichtern bei Hainburg in Österreich.

Rechte Seite:
Beim Leuchtturm und der Burg von Devín, einem Stadtteil von Bratislava, verlief bis 1989 der Eiserne Vorhang. Devín, zu Deutsch Theben, wurde 1938 im Zuge des Münchner Abkommens wegen seiner deutschsprachigen Bevölkerungsmehrheit dem Deutschen Reichsgau Niederösterreich angegliedert.

BRATISLAVA SK

#BNB

Linke Seite:
Schon kurz nach der Grenze zwischen Österreich und der Slowakei erreicht das Schiff Bratislava. Ein Wahrzeichen ist die Burg, 80 Meter über der Altstadt gelegen, oft zerstört und immer wieder aufgebaut.

Oben:
Einen guten Blick über Bratislava hat man von der Neuen Brücke. Diese Brücke wurde Anfang der 1970er-Jahre erbaut, das UFO auf dem Pylon ist ein Restaurant mit toller Aussicht. Die Autobahn führt direkt am Martinsdom vorbei. Für ihren Bau ließen die Kommunisten 200 historische Gebäude abreißen, um ihre neue sozialistische Musterstadt Petržalka (Engerau) mit der Altstadt zu verbinden.

Linke Seite:
Das Alte Rathaus ist eines der ältesten steinernen Gebäude in Bratislava. Im Innenhof wird eine Kanonenkugel aufbewahrt, die angeblich von Napoleons Truppen abgeschossen wurde. Es wurde am Hauptplatz im 14. Jahrhundert zunächst als Wohnhaus errichtet und wenig später zum Rathaus.

Oben:
Vor dem Alten Rathaus im Herzen von Bratislava steht der Maximilian-Brunnen, den keine Stadtführung auslässt. Der Palast des Bischofs, Paläste ungarischer Adliger findet man hier, auch die berühmte Familie Esterházy hatte hier einen Stadtpalast. Das Café Roland ist eines der vielen schönen Kaffeehäuser der Stadt.

Seite 136/137:
Das Kreuzfahrtschiff erreicht in der Morgendämmerung Esztergom. Die Basilika auf dem Burgberg ist Ungarns größte katholische Kirche.

Linke Seite:
Hinter dem Donauknie, das den Lauf des Flusses von der östlichen in die südliche Richtung lenkt, liegt der Ort Verőce.

Oben:
Hübsche Bootshäuser in einem kleinen Freizeithafen bei Verőce an der ungarischen Donau.

Seite 140/141:
Den Blick von der Fischerbastei auf das imponierende Parlamentsgebäude über die Donau hinweg, die in Budapest imponierend breit ist, sollte sich kein Besucher entgehen lassen.

359
BUDAPE

Linke Seite:
Mitten in der Stadt legt das Kreuzfahrtschiff an, im Hintergrund die Elisabethbrücke, der Burgpalast und die Matthiaskirche im Stadtteil Buda. Viele Kreuzfahrten enden in der ungarischen Hauptstadt.

Oben:
Der Angler steht im Stadtteil Pest, vor ihm der Burgpalast in Buda. Der Königspalast wurde seit dem 13. Jahrhundert immer wieder zerstört und stets wieder aufgebaut. Heute sind hier mehrere Museen untergebracht.

Oben:
Vor der Uferpromenade in Pest liegen Ausflugsschiffe aller Art. Die Donau ist in Budapest ein wesentlicher Bestandteil der Stadtkulisse und des alltäglichen Lebens.

Rechte Seite:
Am linken Budapester Donauufer erhebt sich das monumentale Parlamentsgebäude. Das Vorbild für den zwischen 1885 und 1904 errichteten neogotischen Bau war Westminster Palace, das englische Parlamentsgebäude in London.

In der Eingangshalle der Franz-Liszt-Musikakademie in Budapest finden sich Fresken von Aladár Körösfoi-Kriesch vom Anfang des 20. Jahrhunderts. Eine fantastische Jugendstil-Architektur empfängt die Besucher im Innern der weltweit renommierten Akademie.

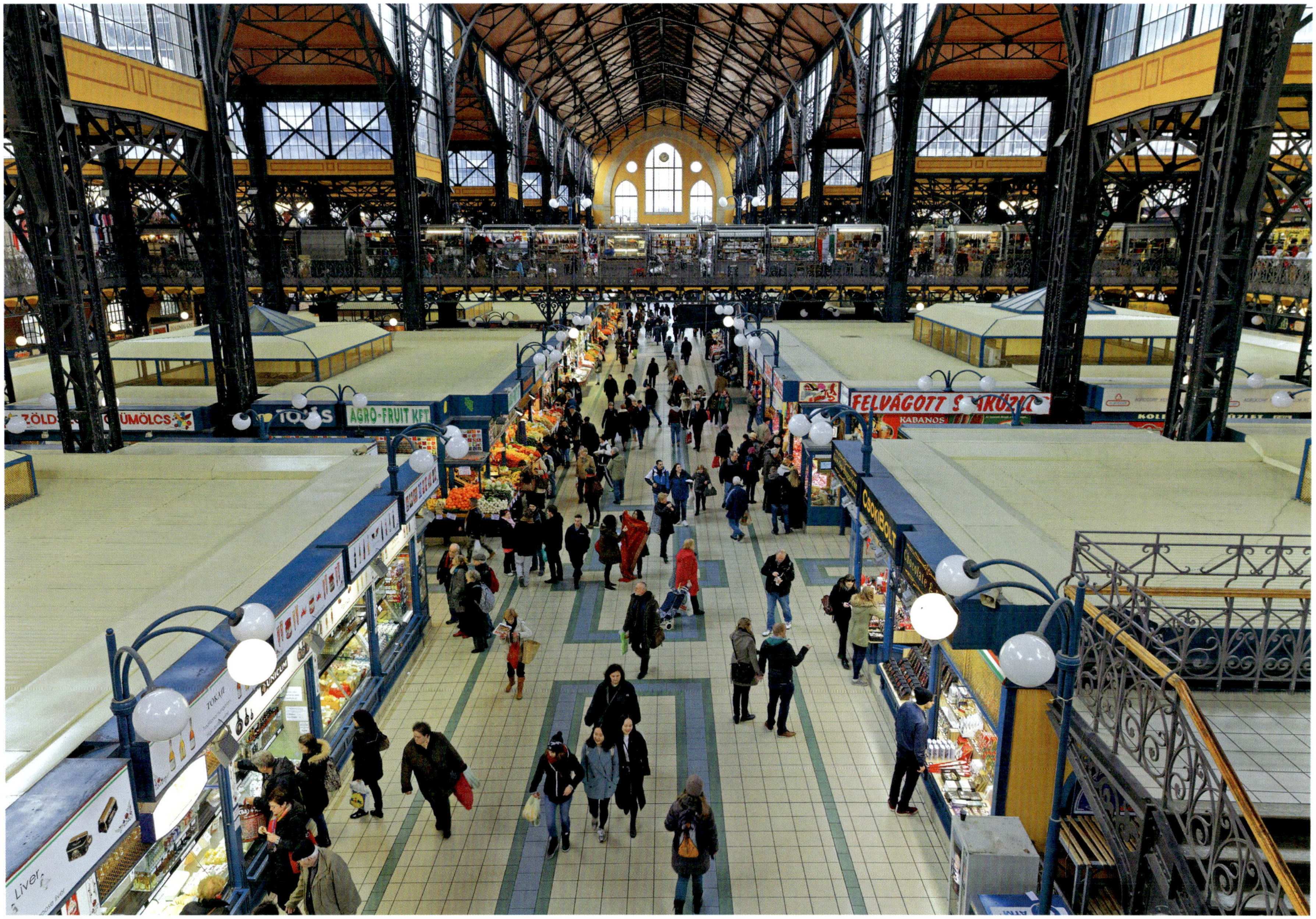

Die prächtige zweistöckige Markthalle im Stadtteil Pest ist am Morgen noch relativ leer. Das ändert sich später am Tag. Die gigantische Stahlkonstruktion hat ein Langhaus und Querschiff wie eine Basilika, hier gibt es 180 Stände und Geschäfte, dazu Imbissbuden und Restaurants. Früher führte ein Kanal von der Donau in die Halle, um die Anlieferung von Waren zu vereinfachen.

Oben:
Das Széchenyi-Bad ist der größte Badekomplex dieser Art in Europa. Wie in einem Palast können Gäste in dieser Anlage mit drei Außen- und zehn Innenbecken baden. Hier zeigt sich die Tradition der orientalischen Badekultur, die durch die türkische Besatzung vermittelt wurde. Die Bäder sind wichtige soziale Treffpunkte für die Bewohner von Budapest, Nachbarn oder Freunde treffen sich meist im gleichen Bad.

Rechte Seite:
Das 500 Jahre alte Rudas-Bad ist das schönste der erhaltenen Bäder aus der osmanischen Zeit. Erst seit wenigen Jahren dürfen hier an bestimmten Tagen Männer und Frauen gemeinsam entspannen. Budapests Thermalbäder gehörten in der Blütezeit des Badetourismus, vor allem im 19. und beginnenden 20. Jahrhundert, zu den wichtigsten und beliebtesten Kurbädern.

Linke Seite:
Ein Buscho tanzt im ungarischen Mohács um das Fasnachtsfeuer. Während der osmanischen Besatzung erhob sich der Legende nach das Volk der Schokatzen gegen die Unterdrückung, indem sich die Menschen mit Tierfellen und Masken verkleideten und einen Höllenlärm veranstalteten. Dieses Ereignis wird heute noch gefeiert – zum Termin der Fasnacht. Bis zu 100 000 Gäste kommen dazu.

Kleine Bilder oben:
Die Männer tragen Holzmasken und Tierfelle, die Frauen traditionelle Trachten, die Gesichter mit Schleiern verhüllt. Das Maskentreiben in Mohács dauert den ganzen Samstag, am Sonntag kommen die Buschos dann mit kleinen Booten über die Donau. Heftig müssen sie gegen die Strömung anrudern, dafür werden sie dann von Tausenden Schaulustigen empfangen. Die züchtige Verhüllung der Frauen steht in einem merkwürdigen Gegensatz zum Treiben der Männer. Die führen nicht nur Waffen und Krachinstrumente mit sich, sondern auch eindeutige Phallussymbole.

Linke Seite:
Im Dreiländereck Ungarn / Serbien / Kroatien mündet die Drau in die Donau. Die Auwälder und das Tierparadies werden in drei Naturparks geschützt.

Oben:
Pferde und Kühe weiden auf der sogenannten Schweineinsel in der serbischen Donau.

Oben:
Die A'Rosa Mia in der serbischen Stadt Novi Sad, im Hintergrund die Festung Petrovaradin, das Wahrzeichen der Stadt. Sie war im 17. Jahrhundert die größte Festung Europas und das wichtigste Bollwerk Österreich-Ungarns gegen die Osmanen.

Rechte Seite:
Beim Landgang in Novi Sad lohnt ein Ausflug ins Kloster Krušedol mit seinen uralten Fresken.

SOBE-ROOMS

Linke Seite:
Auf dem Berggipfel über Stari Slankamen hatten schon die Römer ein Fort gebaut, um die nahe gelegene Theißmündung zu überwachen. Heute stellen Serben in Slankamen die Bevölkerungsmehrheit, aber auch Kroaten sowie Roma, Tschechen, Ukrainer, Donauschwaben und andere Minderheiten leben hier.

Oben:
Boote am serbischen Donauufer zwischen Novi Sad und Belgrad.

Zemun ist heute ein Stadtbezirk von Belgrad und liegt auf einer Halbinsel vor der Mündung des Flusses Save in die Donau.

Linke Seite:
Die Festung ist das Wahrzeichen der Stadt Belgrad, die das Tor zum Balkan bildet. Kelten, Römer, Byzantiner, Österreicher und Osmanen zerstörten sie und bauten sie wieder auf – ein Spiegel der wechselvollen Geschichte der Region.

Oben:
Von der Festung und dem Park Kalemegdan in Belgrad aus hat man einen prächtigen Blick auf den Zusammenfluss von Donau und Save. Hier war ein wichtiger Kreuzungspunkt alter Handelsstraßen und vor 1000 Jahren die Grenze zwischen Westrom und Byzanz.

Seite 162/163:
Am Donaukai in Belgrad liegen Restaurantschiffe und Diskotheken vor Anker, das Nachtleben blüht. Die Passagiere der Kreuzfahrtschiffe haben es vom nächtlichen Ausflug zurück zu ihrem schwimmenden Hotel nicht weit.

A'ROSA MIA

Oben:
Beim Kloster Mraconia passieren Schiffe die schönste und engste Stelle, den Cazan (Kessel). Der Fluss zwängt sich durch bis zu 300 Meter hohe Felswände. Vor der Entschärfung durch den Staudamm galten diese Kilometer vor dem Eisernen Tor als gefährlichster Flussabschnitt der Donau und durften nur mit Unterstützung durch Lotsen befahren werden. Jahrzehntelang wurden die Schiffe flussaufwärts mit Lokomotiven getreidelt.

Rechte Seite:
Zwischen den rumänischen Karpaten und dem serbischen Erzgebirge hat die Donau eine 130 Kilometer lange Schlucht gegraben – die längste Europas. Sie ist in Serbien als „Djerdap Gorge" und in Rumänien als „Porţile de Fier" bekannt.

Radio Holland

Die Donau ist auf 470 gemächlichen Kilometern der Grenzfluss zwischen Bulgarien und Rumänien. Für Bulgarien ist die Donau der einzige schiffbare Fluss, allerdings in diesem dünnbesiedelten Landesteil verkehrstechnisch von untergeordneter Bedeutung. Gerade mal zwei Brücken gibt es an diesem Streckenabschnitt zum rumänischen Nachbarn.

Auf rumänischer Seite liegen kaum Ortschaften am Fluss. Pappeln, Weiden und Sumpflandschaften prägen das Ufer. Dahinter liegt die schier unendliche und eintönige Ebene der Walachei. Auf bulgarischer Seite reicht eine sanfte Hügellandschaft bis ans Ufer, hier werden Sonnenblumen, Mais und Getreide angebaut. Kleine Dörfer liegen auf hübschen Uferterrassen oder schmiegen sich an seichte Hänge.

Oben:
Die Aleksandrovska-Straße ist eine der sehenswerten Achsen in der bulgarischen Donau-Stadt Russe, die allerlei architektonische Perlen aufzuweisen hat. In osmanischer Zeit war Rustschuk die größte Stadt im Fürstentum Bulgarien. Sie war ein blühendes Zentrum des Ost-West-Handels, der große Donauhafen wurde überragt von vielen Minaretten.

Rechte Seite:
Ein Restaurant beim Freiheitsplatz in Russe, der Heimatstadt des Literaturnobelpreisträgers Elias Canetti. In seiner Autobiografie schwärmt er von dem bunten Leben in der Vielvölkerstadt zu Anfang des 20. Jahrhunderts.

СИАНА
недвижими имоти

Linke Seite:
Das bulgarisch-orthodoxe Höhlenkloster Basarbowski liegt beim gleichnamigen Dorf im Naturpark „Russenski Lom“ etwa zehn Kilometer südlich von Russe. Es ist als einziges der Felsenklöster Bulgariens noch bewohnt. Der Park ist benannt nach dem Fluss „Russenski Lom“. Neben vielen Karsthöhlen ist hier die Flora und Fauna besonders reich. Im Park gedeihen mehr als 700 Arten höherer Pflanzen, darunter etliche, die selten oder vom Aussterben bedroht sind.

Oben:
Seit dem 12. Jahrhundert lebten Eremiten in Höhlen im weichen Kalkstein 30 Meter hoch über dem Fluss. Ein ganzes Netz von Kirchen, Kapellen und Zellen liegt in den Felswänden bei Iwanowo. Berühmt ist das UNESCO-Weltkulturerbe durch seine jahrhundertealten Freskenmalereien.

Seite 172/173:
Ein Ausflug in die rumänische Hauptstadt Bukarest führt rund 80 Kilometer weg von der Donau. Wahrzeichen ist der monumentale Parlamentspalast, den Diktator Ceaușescu in den 1980er-Jahren errichten ließ – ein Symbol für Tyrannei und Größenwahn.

Das Lipscani-Viertel in Bukarest ist nach Leipzig (rumänisch Lipsca) benannt, da in osmanischer Zeit von dort Händler kamen, die ihre Waren in der Hauptstraße verkauften. Viele Berufsgruppen wie Goldschmiede, Hutmacher, Schuster, Färber und Sattler waren damals vertreten, wobei viele Zünfte eine eigene Gasse hatten.

Das Leipziger Viertel in Bukarest ist heute ein angesagtes Szeneviertel. Tag und Nacht kommen Touristen aus aller Welt, immer mehr Restaurants und Bars haben eröffnet, modernste Boutiquen und Kaufhäuser haben sich angesiedelt.

Linke Seite:
Etwa bei Flusskilometer 250 fällt der Blick vom Kreuzfahrtschiff auf die Kirche und das Dorf Ghindăreşti in Rumänien. 50 Kilometer zuvor bei Cernavodă war der berüchtigte Donau-Schwarzmeer-Kanal abgezweigt. Nach dem Zweiten Weltkrieg kamen beim Bau mehrere zehntausend Häftlinge, darunter viele deutschstämmige und politische Häftlinge in Zwangsarbeitslagern zum Einsatz.

Oben:
Über die Klippen ragt die Kirche von Hârşova mit ihren goldenen Kuppeln. Die Donau fließt hier für etwa 150 Kilometer nach Norden, abgelenkt durch die Berge der Dobrudscha. Deren Gesteine sind weit über eine Milliarde Jahre alt, sie gehören damit zu den ältesten Bergen Europas.

Linke Seite:
Viele Kleinunternehmer bieten mit ihren privaten Booten Fahrten an, die Naturtouristen aus ganz Europa gerne nutzen, um sich einen Eindruck von der faszinierenden Wasserlandschaft des Donaudeltas zu verschaffen.

Kleine Bilder oben:
Der Steuermann lenkt das Boot sicher durch die Wasserlandschaft des Deltas, in der sich der Unkundige zuverlässig verirren würde. Derweil wartet der Fotograf geduldig auf sein Objekt und das richtige Licht. Immer wieder werden Anlegestellen angesteuert, damit sich die Touristen beim Landgang ein Bild machen können. Zurück auf dem Schiff, gibt es eine Stärkung. Der Schiffseigner bewährt sich auch als Koch, der unter einfachsten Bedingungen für seine Gäste ein Mahl zubereitet.

Linke Seite:
Das Biosphärenreservat Donaudelta ist Weltnaturerbe und steht unter Schutz. 5000 Quadratkilometer Auwälder, Donau-Seitenarme, Seen, große Schilfrohrgebiete und Trockenbiotope auf den Dünen liegen hier beieinander. Unter Ceauşescu war diese Wunderwelt akut bedroht, nur der Zusammenbruch des Regimes verhinderte die Zerstörung.

Oben:
Pelikane sind das Wahrzeichen des Deltas. Hier ist die größte Pelikan-Kolonie Europas zu Hause, 7000 Exemplare des größten Wasser- und schwersten Flugvogels der Erde leben im Donaudelta. Den weitaus größeren Teil stellen die Rosapelikane, doch auch der Krauskopfpelikan ist hier anzutreffen.

Oben:
Froschkonzert im Frühjahr: Aufmerksame Beobachter finden im Donaudelta eine faszinierende Fülle an Klein- und Kleinstlebewesen, die hier einen relativ ungestörten Lebensraum finden. Auch Schlangen oder Schildkröten gehören zu den Bewohnern des Deltas.

Oben:
Das Leben in den Dörfern des Deltas ist einfach, der Pferdewagen das übliche Fortbewegungs- und Transportmittel auf den vormodernen Straßen. Besucher fühlen sich in die Vergangenheit zurückversetzt.

Rechte Seite:
In Stipoc steht das orthodoxe Athanasie-Kloster mit seinen goldenen Zwiebeltürmen. Die wenigen Mönche, die hier leben, betreiben Landwirtschaft.

Informationen

Literatur

- *Claudio Magris, „Biographie eines Flusses“, dtv 2007*
  Der italienische Literaturprofessor folgt in dem zuerst 1986 erschienenen Band der Donau auf ihrem ganzen Lauf und entwirft ein farbiges Bild von Landschaft, Geschichte und den Menschen am Fluss.

- *Keith Lowe, „Der wilde Kontinent. Europa in den Jahren der Anarchie 1943 bis 1950“, Klett-Cotta 2016*
  Der britische Historiker belegt, dass der Zweite Weltkrieg in Europa, vor allem aber in den Ländern des Ostens, 1945 keineswegs zu Ende war. Bürgerkriege, ethnische Spannungen und die Verfolgung von Juden und anderen Minderheiten gingen weit über die „Stunde Null“ hinaus und wirken bis heute nach.

- *Carmen Rohrbach, „Am blauen Fluss. Entlang der Donau vom Schwarzwald bis zum Schwarzen Meer“, Malik 2015*
  Die Reiseautorin Carmen Rohrbach hat die Donau auf der ganzen Länge mit dem Fahrrad erforscht und vor allem den Teil jenseits von Budapest genossen. Dort, wo das Abenteuer und die Einsamkeit locken, hat sie den Fluss am ehesten in seiner Ursprünglichkeit erlebt.

Museen

- *Donauschwäbisches Zentralmuseum in Ulm: www.dzm-museum.de*
  Die Geschichte der Donauschwaben ist ein beeindruckendes Beispiel für europäische Migration und damit von bleibender Aktualität. Nach einer fünfjährigen Aufbauphase wurde das Museum am 8. Juli 2000 eröffnet. In seiner ständigen Ausstellung zeigt es die Geschichte der Donauschwaben vom ausgehenden 17. Jahrhundert bis in die Gegenwart.

- *Museum für Brotkultur, Ulm: www.museum-brotkultur.de*
  Das Museum für Brotkultur versammelt 18 000 Objekte aus verschiedenen Epochen und aus der ganzen Welt zum Thema Brot und Ernährung sowie Kunstwerke zum Thema.

- *Oskar Kokoschka: www.oskarkokoschka.at*
  Das sehr sehenswerte Kokoschka-Haus im niederösterreichischen Pöchlarn an der Donau ist das Geburtshaus des Künstlers Oskar Kokoschka und beherbergt das Kokoschka-Informationszentrum.

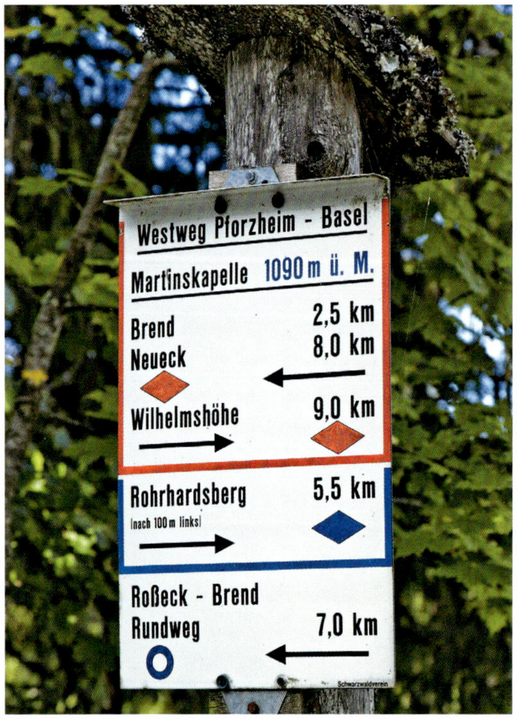

- *Theater Grein: www.stadttheater-grein.at*
  Das kleine Theater im ehemaligen Getreidespeicher des Rathauses stammt aus dem Jahr 1791 und ist weitgehend im Original erhalten. Es ist täglich zu besichtigen und wird bis heute bespielt.

- *Karikaturenmuseum Krems: www.karikaturmuseum.at*
  Wer sich mit dem hintergründigen, oft schwarzen Humor (nicht nur) der Österreicher auseinandersetzen will, sollte an diesem Haus nicht vorbeifahren. Es ist das einzige Museum für Karikatur, Bildsatire und Cartoon in Österreich.

- *Egon Schiele in Tulln: www.egon-schiele.eu*
  Der Maler Egon Schiele ist in Tulln geboren. Das Museum zeigt frühe Gemälde und erzählt vom kurzen Leben des unkonventionellen Künstlers. Auch das Schiele-Geburtshaus ist in Tulln zu besichtigen.

- *Wien: www.mqw.at*
  Von der reichen Museumslandschaft Wiens sei hier nur das Museumsquartier genannt, eines der zehn größten Kulturareale weltweit. Es vereinigt barocke und moderne Bauten, Kunst, Theater, Tanz, Kinderkultur, kreative Schaffensräume und Gastronomie.

- *Budapest: www.terrorhaza.hu und www.semmelweis.museum.hu*
  Von den vielen Museen in Ungarns Hauptstadt Budapest seien hier zwei erwähnt. Zum einen das „Haus des Terrors“, eine Gedenkstätte, die an die faschistischen Pfeilkreuzler und die Zeit des Sozialismus erinnert; zum anderen das Semmelweis-Museum, eine Sammlung zur Medizingeschichte, die nach dem in Buda geborenen Chirurgen und Geburtshelfer Ignaz Semmelweis benannt ist.

Natur

- www.schwarzwald-nationalpark.de
- www.naturpark-suedschwarzwald.de
- Netzwerk aller Schutzgebiete: www.danubeparks.org
- Naturpark Obere Donau: www.naturpark-obere-donau.de
- Nationalpark Donauauen Österreich: www.donauauen.at
- Đerdap-Nationalpark (Eisernes Tor): www.npdjerdap.org
- Biosphärenreservat Donaudelta: www.ddbra.ro/de/donaudelta-biospharenreservat
- Ein Naturfotograf als Veranstalter und Reiseleiter im Delta: www.chettusia.com

Wandern

- Der Naturpark-Express fährt an allen Samstagen sowie Sonn- und Feiertagen zwischen Mai und Oktober: www.naturpark-obere-donau.de/npe/npe-start.htm
- Unmittelbar am Ufer der noch jungen Donau, zwischen Tuttlingen und Sigmaringen im schönsten Teil des Naturparks Obere Donau, liegt der Campingplatz Wagenburg. In traumhafter Lage, umgeben von steil aufragenden Felsen, bietet dieser traditionsreiche Platz den idealen Ausgangspunkt für vielfältige Aktivitäten. www.camping-wagenburg.de

Fahrradfahren

- Unverzichtbar: Radtourenbuch bikeline – Donau Radweg, Teil 1 bis 5, Verlag Esterbauer GmbH 2013
- RADEXPRESS DONAU: Der RadExpress Donau der ÖBB bietet Radfahrern, die entlang der Donau von Wien über Linz nach Passau oder retour radeln, die Möglichkeit, einen Teil der Strecke mit dem Zug zurückzulegen.

Schifffahrt

- Für 2845 Kilometer Donau: Interessante Infos über Schiffe, Schleusen, Brücken, Liegestellen, Pegelstände und vieles mehr … www.viadonau.org/wirtschaft/transportachse-donau/

Linke Seite oben:
Allerlei Hilfsmittel machen dem Donau-Radwanderer die Orientierung leicht und halten Tipps für Unterkünfte und Ausflüge bereit. Klassiker sind die blauen Bikeline-Radwanderführer.

Linke Seite unten:
Die Wanderwege sind hervorragend ausgeschildert. Hier ein Schilderwald in der Nähe der Breg-Quelle.

Oben:
Eine Flusskreuzfahrt ist eine sehr entspannte Art des Reisens. Hier liegt die A'Rosa Mia an der Anlegestelle im bulgarischen Russe.

Unten:
Für die Wunderwelt des Donaudeltas sollte man sich Zeit nehmen. Die Übersichtskarte lässt erahnen, welche Fläche dieses Biosphärenreservat einnimmt.

Register

Die *kursiv* dargestellten Seitenzahlen sind Bildseiten.

POLEN
Kiew
Prag
Pilsen
TSCHECHIEN
Klatovy
České Budějovice
Passau
Mühlviertel
Inn-Viertel
Zwettl
Krems
Wein-viertel
Stockerau
Trnava
Niedere Tatra
SLOWAKEI
Linz
Göttweig
Tulln
Dom
Bratislava
Wels
Melk
Sankt Pölten
Wien
Carnuntum
Steyr
Traun
Enns
Salzburg
Wiener Neustadt
Neusiedler See
Komárno
Duna-Ipoly NP
Esztergom
Győr
Komárom
Sopron
Fertő-Hanság NP
Raab
Niedere Tauern
Schloss
Budapest
Érd
Székesfehérvár
Graz
Miskolc
Theiß
Debrecen
UNGARN
Dunaújváros
Kecskemét
Kiskunfélegyháza
Balaton
Paks
Donau
Drau
Kaposvár
Szekszárd
Duna NP
Baja
Szeged
SLOWENIEN
Pécs
Subotica
Mohács
Zagreb
Drau
Apatin
KROATIEN
Osijek
Vukovar
Vinkovci
Wojwodina
Slavonski Brod
Novi Sad
Save
Sremska Mitrivica
Donau
Šabac
Belgrad
Save
Smederevo
Požarevac
BOSNIEN-HERZEGOWINA
SERBIEN
Morava
KOSOVO
MONTE-NEGRO
MAKEDONIEN
ALBANIEN
GRIECHENLAND
Thessaloniki
Timişoara
Retezat NP
Reşiţa
Südkarpaten
Cheile Nerei Beuşniţa NP
Cerna Domogled NP
Târgu Jiu
Orşowa
Drobeta-Turnu-Severin
Portile de Fier NP (Eisernes Tor)
Negotin
Craiova
Widin
Lom
Montana
Wraza
Walachei
Alt
Vedea
Turnu Măgurele
Plewen
Lovetsch
Balkangebirge
Iskar
Sofia
BULGARIEN
Plowdiw
UKRAINE
MOL-DAWIEN
Chişinău
Bacău
Sereth
Pruth
RUMÄNIEN
Braşov
Focşani
Tecuci
Galaţi
Brăila
Ismajil
Kilija
Tulcea
Delta Dunării NP
Donau-Delta
Muntii Măcinului NP
Buzău
Insula Mică a Brăilei NP
Ploieşti
Ialomiţa
Argeş
Bukarest
Feteşti
Călăraşi
Dobrutscha
Constanţa
Silistra
Giurgiu
Donau
Russe
Basarbowo-Kloster
Svishtov
Veliko Tarnovo
Schumen
Dobritsch
Warna
Burgas
Schwarzes Meer
Istanbul
TÜRKEI

Links:
Im Frühling ist es am Strand des Schwarzen Meeres, im Osten des Deltas gelegen, noch ruhig. Im Sommer herrscht an einigen Orten reger Badebetrieb. Die Donau hat ihre 3000 Kilometer lange Reise hinter sich.

Umschlag vorne:
Ein Kreuzfahrtschiff durchfährt die südlichen Karpaten bei Golubac. Der lange Durchbruch mit dem Namen Eisernes Tor gehört zu den spektakulärsten Landschaften an der Donau.

Kleine Umschlagbilder vorne, von links nach rechts:
Zu Fuß, mit dem Schiff oder mit dem Fahrrad – die Donau oder auch nur Abschnitte des langen Flusslaufs kann man auf unterschiedliche Weise bereisen und dabei den Strom, die Landschaft und die Menschen an seinen Ufern je anders kennenlernen.

Umschlag hinten:
Das Hohenzollernschloss Sigmaringen unterhalb des engen Durchbruchtals der Donau ist ein ehemaliges fürstliches Residenzschloss und war Verwaltungssitz der Fürsten von Hohenzollern-Sigmaringen.

Kleine Umschlagbilder hinten, von links nach rechts:
Natur und Kultur, Dörfliches und Weltstädte liegen am europäischsten aller Flüsse nah beieinander: Donauradweg an der Schlögener Schlinge – der barocke Marmorsaal von Stift Melk in der Wachau – das berühmte Riesenrad im Prater von Wien – die Stiftskirche von Dürnstein in der Wachau – Seilfähre am Donauradweg.

Bildnachweis:
Alle Bilder von dem Fotografenteam, mit Ausnahme von
S. 26/27 oben: Stadt Donaueschingen, Fotograf: Tobias Raphael Ackermann, Lichtemotionist.de

Danksagung:
Die Fotografen bedanken sich für die freundliche Unterstützung durch A-ROSA Flusskreuzfahrten.
A-ROSA Flussschiff GmbH
Loggerweg 5 / 18055 Rostock / Germany
A-ROSA Service-Center +49 (0) 381 - 202 6020
E-Mail: service@a-rosa.de

Umwelthinweis:
Dieses Buch und der Umschlag wurden auf chlorfrei gebleichtem Papier gedruckt. Die Einschrumpffolie – zum Schutz vor Verschmutzung – ist aus umweltverträglichem und recyclingfähigem PE-Material.

Karte:
Fischer Kartografie, Aichach

Printed in Germany

Grafik:
Verlagshaus Würzburg GmbH & Co. KG

Repro:
ARTILITHO snc., Lavis-Trento, Italien
www.artilitho.com

Druck und Verarbeitung:
Himmer GmbH Druckerei & Verlag, Augsburg
www.himmer.de

ISBN 978-3-8003-4864-0

Unser gesamtes Programm finden Sie unter:
www.verlagshaus.com

Martin Schulte-Kellinghaus und **Erich Spiegelhalter** produzieren als Fotografenteam Multivisions-Shows und Bildbände zu Reisethemen. Beide haben bereits zahlreiche Bildbände und Reportagen in Zeitschriften und Bildbänden veröffentlicht. Auch zu dieser Reise gibt es einen Vortrag, der in zahlreichen Städten in Deutschland und der Schweiz zu sehen ist.
www.schulte-kellinghaus.de
www.erich-spiegelhalter.de

Brigitte Merz, geboren in Mönchengladbach, lebt als freie Fotografin in Freiburg. Im Verlagshaus Würzburg sind von ihr unter anderem Bildbände über Nordrhein-Westfalen, Rheinland-Pfalz, das Saarland und die Eifel erschienen.

Sabine Ehrentreich ist Germanistin und Historikerin und arbeitet als Redakteurin bei der Badischen Zeitung. Sie ist Autorin zahlreicher Reisereportagen.